xueer

学而书坊 —— 学而时习之 不亦说乎

倾听与反思

特级教师修炼日志

刘善娜 著

宁波出版社
NINGBO PUBLISHING HOUSE

图书在版编目（CIP）数据

倾听与反思：特级教师修炼日志 / 刘善娜著 . —
宁波：宁波出版社，2019.9（2022.6 重印）
ISBN 978-7-5526-3543-0

Ⅰ . ①倾… Ⅱ . ①刘… Ⅲ . ①小学数学课 — 教学研究 Ⅳ . ① G623.502

中国版本图书馆 CIP 数据核字（2019）第 081731 号

倾听与反思——特级教师修炼日志
QINGTING YU FANSI TEJI JIAOSHI XIULIAN RIZHI

作　　者	刘善娜
出版发行	宁波出版社
	（宁波市甬江大道 1 号宁波书城 8 号楼 6 楼　315040）
责任编辑	陈　静　邵晶晶
责任校对	徐巧静　李　强
装帧设计	金字斋
印　　刷	宁波白云印刷有限公司
开　　本	710 毫米 ×1000 毫米　1/16
印　　张	19
字　　数	290 千
版　　次	2019 年 9 月第 1 版
印　　次	2022 年 6 月第 3 次印刷
标准书号	ISBN 978-7-5526-3543-0
定　　价	45.00 元

如发现缺页或倒装，影响阅读，请与出版社联系调换　电话：0574-87248279

序　言

看到的,没看到的,俱是风景

2012年9月到2018年8月,这六年,岁月流影,每一帧截图都透着努力的气息。

当我静静浏览这些日志的时候,恰似时光穿越,不由自主发出一阵阵幸福的感慨。

我看到了奔跑的自己。看过去苦得不像话,看过去有着"无时无刻不感到艰难"的辛酸,但当时,沉浸其间的自己,并不觉得苦累。精神上,是一直自我愉悦着的。这种愉悦来自细细碎碎的"小领悟""小幸福",来自孩子们身上的"小成长""小惊喜",来自或长或短、或喜或悲的一段段文字……它们支撑起了自己的精神世界。

我看到了师傅们、导师们的教诲。经典精彩的教学片段,鞭辟入里的讲座引领,即便相隔着几年的时光,依然言之凿凿诲之切切,让我受益匪浅。

我看到了一群群的孩子。2012年刚好一届学生毕业,2012年到2016年又是一届学生,2016年到2019年是现在带着的这群孩子。看见一个名字,眼前就会不自觉地浮现孩子的小脸。课堂上的争论,课间的调皮……啊,都是我们的芳华。

日志里,岁月蹁跹,时光流转,能看见的是我的斗志,我的心绪,我的成长,但看不见那些随之而来的"附属品"。

倾听与反思
特级教师修炼日志

2012年7月,一届学生毕业。9月,记录了这一届三年时光的《爱上我的课堂——一位小学数学教师的教学反思日志》一书成稿。整理、修改、投稿、再整理、再修改,于2014年5月由宁波出版社出版。同年6月,该书入选"2014年度中国影响力图书推展·第贰季",成为上榜的20本教育类书籍之一。这一年,我评上高级教师、奉化区学科骨干。

2016年3月,《这样的数学作业有意思——小学数学探究性作业设计与实施》由教育科学出版社出版。11月,课题"小学数学探究性作业的实践研究"荣获浙江省教育规划课题一等奖。12月,该书入选2016年度"影响教师的100本书"。这一年,又一届学生毕业,我获评宁波市学科骨干。

2017年,接手新一届学生,探究性作业研究却未曾停歇。我把"教书的日子to刘善娜"微信公众号打造成孩子们成长的平台。一日一日,小幸福小进步。这一年,我获评宁波市名教师。

2018年,探究性作业研究成果继续推广。《小学数学教师》封面人物专栏《研究作业 发展专业》刊发。我获评第十二批浙江省特级教师。

做好每一件小事,时光会馈赠你太多的礼物。

目 录

• 2012 年 •

9 月 17 日	教烦了,不妨列个清单	003
9 月 18 日	一堆细节	005
11 月 19 日	"直观"经验	007
11 月 23 日	错果累累	009
11 月 27 日	到底在乐呵啥	011
12 月 5 日	听比讲重要	015
12 月 21 日	初次论坛	016

• 2013 年 •

3 月 7 日	切入再晚一些	023
3 月 27 日	再做得好一些吧	024
3 月 28 日	尽力而为	026
6 月 5 日	送教的收获	029
10 月 10 日	触摸孩子的思考路径	031
12 月 18 日	学生变了,你不变都不行	033
12 月 27 日	今天你让孩子"幸福"了吗	035

| 12月28日 | 精神娱乐 | 038 |

• 2014 年 •

2月25日	好别扭的"抽样"	043
4月23日	汇智学艺	045
5月24日	叹课	050
7月26日	以更温柔的姿态	053
9月27日	五年级的第一关，小数乘法	056
9月28日	愤愤不平	058
10月15日	自我状态汇报	059
11月10日	有一种倍受宠爱的温暖	063
11月24日	儿童的想象力	066
11月25日	我的分享，你收获了吗	068

• 2015 年 •

1月25日	旁听宁波基础教育成果奖答辩会	077
1月26日	羊年寒假501班数学作业超市开张啦	082
3月25日	一步一步，才至通达	084
4月4日	再次论坛	086
4月20日	两耳成茧，如何破茧成蝶	
	——读郭思乐教授的《教育走向生本》有感	091
4月25日	领略生本教育	094
6月2日	开始复习了	098
8月20日	恨不相遇初中时	
	——《写给全人类的数学魔法书》翻阅有感	101
9月18日	面对难题的小招数	103
9月29日	台风天听练习课	106

10月3日	暖暖的笑脸　厚厚的积累	
	——读沈百军老师的《为学而教——沈百军教数学》	
	…………………………………………	108
10月13日	解题的偷懒本能 …………………………	111
11月6日	体积教学的"序列性" ……………………	113
11月21日	小马过河——拍录像课的体会 …………	115

• 2016年 •

1月18日	寻一个平衡点 ……………………………	119
2月23日	数学寒假作业反馈攻略 …………………	121
2月25日	前测课 ……………………………………	123
3月16日	来自学生的"抗议" ………………………	126
5月20日	批改试卷的花样 …………………………	128
7月8日	东北师大培训闲文 ………………………	130
7月13日	一时,走投无路 ……………………………	132
8月11日	舟山分享(1) ………………………………	134
8月11日	舟山分享(2) ………………………………	137
9月1日	意义感,来袭吧 ……………………………	139
10月10日	浅浅欢喜——班上的小家伙(1) ………	141
10月11日	意外多多——班上的小家伙(2) ………	143
12月26日	坚持的人并不多 …………………………	145
12月28日	我这么幸福 ………………………………	148
12月29日	当数学探究作业穿上那套叫"绘本"的衣服 …	150

• 2017年 •

2月22日	给孩子的舞台有多大 ……………………	155
6月14日	盘活启思 …………………………………	158

9月4日	暑假作业理一理：宝贝们，跨入501啦	163
9月5日	我的小日子	171
9月6日	小惊喜+小无奈	173
9月11日	作业——你好奇孩子眼中的数学吗	176
9月20日	一群作业研究的同盟军	181
9月25日	作业——小数除法说妙招	183
10月31日	听一番闲言碎语，君可有收获	188
11月5日	有时，我想不明白	189
11月8日	第三次论坛	192
11月12日	作业——"代言"方程不容易	196
11月15日	我说的，对不对	203
11月16日	这样太难看？不，这是方程最美的样子	206
11月17日	我，是最重要的嘉宾	207
11月20日	教书的小曲儿	209
11月29日	路径，小记	211
12月5日	查漏补缺	215
12月7日	原来，你有"祖传秘方"啊	217
12月8日	三角形面积计算公式的推导琐思	219
12月20日	联动、生动：儿童理解规律的通道	227

• 2018年 •

1月8日	回头看一看	241
1月12日	宝贝，你能考几分	243
1月14日	宝贝，我们怎么加油	245
1月15日	作业反思——哇，乐趣都在作品中	247
1月20日	寒假作业，来啦	250
1月24日	作业——鲜活的"代言"	252

3月30日	靠什么？慈悲	256
4月1日	承办课题推广会，我们做了些什么	259
4月8日	"课霸"的诞生：看我怎么混下7节数学课	261
4月16日	如果，静不下来呢	264
4月17日	看看娃跑到哪里去了	266
5月16日	好问的年华	272
6月2日	冥想：为道日损	274
6月6日	大家这么关注"期末复习"	276
6月11日	作业与复习课	279
8月12日	感谢过往	285

后记 ………………………………………………… 287

2012 年

9月17日 ｜ 教烦了，不妨列个清单

最近，日子过得有些杂乱无章，看来需要写写日志理一理。今年又是跨段教学——接了两个新的班，一个班在前幢三楼东首，一个班在后幢二楼靠西。

403班的孩子比较安静。课堂上，除了个别孩子能举手发表自己的观点，其余的孩子不说空话、不吵闹，就喜欢低下头静静地做自己的事情。一个孩子如此，还可以提醒提醒，一大群孩子都如此，实在是苦不堪言的"景观"。

301班则是另一番情景。男孩子虎虎生气、活泼闹腾，女孩子虽然嗓音细细、乖乖巧巧，但也都颇有主见。

两个班孩子的迥异个性，委实"灿烂"了我的日常教学生活。当看见301班孩子过于闹腾的时候，会想到403班孩子安静的妙处；当看见403班孩子无人举手发言的时候，会想到301班孩子各抒己见的畅意。于是，竟然觉得一切都好了起来。开学到现在，绝对没有因为孩子们的表现而感到烦恼不安。

倒是常常因为自己，感到烦恼不安。

到底烦恼些什么呢？罗列罗列：

首先，我觉得自己找不到上课的美好感觉。不知是突然从毕业班下来的缘故，还是刚开学不适应所致。等过些天，上节课请师傅听听，找找感觉。

其次，老是觉得有些坐立不安。坐在三年级办公室就想着四年级作业好像还没订正，穿过两幢楼来到四年级办公室，又记起三年级作业还没布置。只好不断和自己说，失之东隅必收之桑榆。跨段的确带来很多额外的辛苦，但也一定会给我带来别样的收获。

第三，论文和课题都处于完成了但很不精致的状态。我却懒得修改，懒

得思考。捂段时间再去想吧,还来得及。

第四,……

想好好书写烦恼,惊异地发现,三点之后竟然就写不出来了。且这些烦恼都在承受力范围之内,并没到应该焦虑的程度。

所以,觉得烦的时候,可以列张清单,把自己当前的任务、烦恼都列出来,来一场"清单革命",有提升工作效果、舒缓心情的奇效。

9月18日 | 一堆细节

今天,301班认识四边形。三年级不需要定义怎样的图形是四边形,只需要把握四边形的特征,会辨认就行。

四边形,孩子们会不认识?

我不信。

课堂作业本打开,直接让孩子们做题。"是四边形的打上'√',不是四边形的打上'×'。"5个图形的判断全部正确。得,那我就不啰唆了,直接呈现14个图形让孩子们分类。

孩子们主要有两种分类方法。一种是根据平面图形和立体图形来分,一种是根据曲线图形和直线图形来分。从直线平面图形中抽取出四边形,再次分类。按角分,按边分,孩子们都能说得头头是道。

到此,教学目标达成。余下,属于"自由跳跃"时间。一起理解"相对",我伸手,你伸手,相对一起做动作;一起理解"正方形是特殊的长方形",集合图一画,还用上了联想……我心下清楚,学得又"过"了。

403班今天感受"1亿有多大"。手握计算器的他们,这两天神气了不少。一滴水、一厘米、一张纸,一旦数量累积到一亿,便大得令人惊讶。一步一步按着计算器算下来,一声一声"哇哇"地感叹,是提升数感的过程。

下午,去居敬小学参与第四备课组"角的初步认识"磨课活动。这节课,感觉最欣喜的是老师抓住了"角的叉口怎么变化了?哪个角的叉口大?"这个突破口。我觉得两个细节可以修改。

一是老师第一次让学生凭借自己的经验画一个角的环节。五名同学上来板演,有两名同学画的是角,另外三名同学画的分别是三角形、长方形和平行四边形。老师提问:"谁的角画得好?"孩子们的意见各不相同,各抒己见。既然老师是想突出"画一个角",那不如改问"谁画的角更符合老师的要求?为什么?"或许还能带出"三角形有三个角"等生成性的可利用资源。

  二是让孩子们判断一个图形中有几个角的环节。这个图形是一个角加一条连接了角的两边的曲线,近似三角形。有十几个孩子认为图形中有三个角,大部分孩子认为图形中只有一个角。双方坚持己见。这时,老师请(正确方)认为只有一个角的孩子上来指一指。当孩子指出那个正确的角后,老师追问:"另两个是角吗?"学生一起说:"不是。"错方不再吭声,答案尘埃落定,不再争论。如果老师退后一步,请上来的是双方各一个代表,让认为有三个角的孩子先表达观点,强大的正确方必不会服气,紧跟着一场争论便可以展开。

  "教育是一堆细节。"

  没错,细节往往影响着课堂的走向。

11月19日 | "直观"经验

早在期中过关前,我就给301班的每个学生家长发了一条"短"信:

各位爸爸妈妈,学完"有余数的除法"就要学习"时、分、秒"了。现在很多钟表上无秒针,孩子相关经验缺乏,若全靠死记不利于学习。因此,现在正是孩子需要积累相关经验的时候,需要您让孩子提前接触有时针、分针、秒针的手表或闹钟,平时让孩子多观察一分钟里秒针怎么转、分针怎么转,让孩子多感受几次一分和一秒,形成一定的时间观念。这些经验会让孩子学习"时、分、秒"知识的时候相对轻松。

但之后我没有对孩子进行相关经验的调查与检测,而是上课时直接给了孩子一份含"时、分、秒"单元练习的数学报,未教先做 —— 探底。

还没教呢,正确率居然不低于往年教学,惊喜之余奖励给孩子一张原创自制小奖状。

从孩子们近几日的学习情况来看,单一的"经过时间"的计算,如"11:26—12:24经过( )分钟"并不如我想象的那样难学,而与指针转动相结合的"经过时间",如"分针从1转到5,经过了( )分,秒针从1转到5,

经过了（　　）秒"很容易出错。虽然我为了这一单元，特地买了个数格清晰的白色圆挂钟，但是，这钟好看不好拨，并不是理想的教具。操作缺失，有些孩子就会感到茫然。"直观"要能在纸上被抽象表达，最好脑海中能清晰浮现动态直观的表象。如果能多次经历一边转动指针一边数着5分，10分，15分……孩子就能将"经过时间"的学习与分针秒针的转动进行有效沟联。

唉，直观操作怎可少？这可是三年级的孩子啊。

403班今天进行了《平行四边形和梯形》单元的练习。作高是练习的重点。尽管绝大部分孩子都清楚用三角尺的一条直角边对准底边，沿另一条直角边就可以画高，可作业本上还是衍生出了形形色色的"高"。画对称轴也是这样，正五边形的五条对称轴我手把手地带着他们画，可还是有几个孩子画不对。

作图，终归是个难关。越难越要画，画着画着，总会熟练的，否则将来怎么作图辅助解题呢？可不能今日轻松待他日后悔去。

11月23日 | 错果累累

我翻阅了上一轮四年级教学时关于平行四边形和梯形的单元过关记录。好失望,只有一句"作高还需要加强"。别无他虑?不会吧?不过,在我的印象里,好像的确没有考出过这样差的单元过关成绩,这次是怎么了?

猛然想到今年暑期集中修订过试卷,想来,这是份新卷子了。

过关卷以实物投影方式分析,重点分析了出错率最高的几道题目。今天孩子们倾听、思考都比较专注。

仔细想来,403班单元过关成绩差的原因主要有三个:

1. 过关题与教学的不配套。过关卷上有近20分概念填空题,每空2分。这些内容都在上课时提到过。若是判断与选择,孩子可能不会出现困难。我在教学中,对"平行四边形"和"梯形"的概念表达有一定的关注,其他的概念如"距离""垂足"等,俱是要求孩子对着图能指认即可。可这张卷子却出现了不少概念填空,一部分孩子大量失分。显然,指认与能用数学语言填空之间是有很大差距的。看来,是我的教学与这些过关题不配套。

2. 横插一脚,意外混淆。第一题填空是选填6个四边形中平行四边形的编号。54人错了36人。这个太匪夷所思。课上,让孩子说错因。胡楷锐说,3号是菱形,是特殊的平行四边形,所以就没填到平行四边形那里去。

我突然想起课堂作业本上曾有一题,是要求在一堆四边形中选填平行四边形、长方形和正方形。我当时说了句"在平行四边形这里可以不重复填入长方形和正方形的编号,只填入一般平行四边形的编号"。无疑,最后一句"只填入一般平行四边形的编号"让有的孩子动手擦去了长方形、正方形的编号,这一"擦"印象深刻。此时,孩子也将特殊的四边长度相等的菱形剔除在外了。我忍不住又问:"就算是因为那道题的关系,可这里没有专门的菱形要你选填,为什么不把菱形填到平行四边形那里去?"孩子说:"菱形也填了!后面问轴对称图形是哪个,就填了菱形!"

晕了吧?难道我再去讲平行四边形、梯形和轴对称图形是不同的分类标准?哇,越讲越乱,闭嘴。

张奠宙教授曾说过,分类作为一种重要的科学思想方法包含两种类型,一种是不重不漏型,一种是包含套装型。尽管长期以来推崇不重不漏型,但实际上两者是并用的。"数学分类必须不重不漏"有逻辑上严格性的价值,但不能绝对化。分类是可以相重的。比如等边三角形就包含于等腰三角形中,却可以按两类而分。所以,当一堆四边形呈现时,尽管平行四边形包含长方形,长方形包含正方形,但还是可以清楚分成三类,这就属于套桶样的包含式分类法。我压根就不应该多嘴讲那句"只填入一般平行四边形的编号",以至于当菱形来横插一脚时,立马引发了混乱。

3. 过关卷中约有 8 分的题目难度超纲。画 60° 角的平行四边形、数图形个数等题都过难,适合作为附加题。

往年最担心作图失分,这次反而失分不多,这也算个成果吧。

301 班四、五单元过关测试中,49 人优秀 43 人,满分 4 人。总的出错点不多。出错人数最多的是一道判断题。事先怎么也想不到 ——"36÷6=5……6",18 人打了'√'。出错率高居第二的倒在预料之中,是"分针从 2 指向 9""秒针从 10 指向 2"这类"经过时间"的填写。抽象能力稍弱的孩子还得再补直观经验。

11月27日 ｜ 到底在乐呵啥

昨晚下决心一定要做好"平行四边形和梯形"一课的框架流程，因为周末的时间已经排完。等我完工，又是凌晨1点。毕竟，即使基本设计完成了，还需要做课件、设计练习。空间图形块的知识学习，课件的制作是极其耗时的。

早起喝了杯黑咖。我对浓咖非常敏感，可保我一日不困。

教研事项再多，两班教学都不可松劲。作为一名一线教师，打理好自己的班级教学最是要紧，学生的发展是教师辛苦的理由，也是目标。我的下班时间线将我的生活划成班级教学与个人教研两块，下班前完成班级教学任务，包括备课、上课、改作、辅导、反思，下班后完成个人教研任务，包括撰写论文案例、准备公开课、课题研究等。这学期，身处后备班学习中，又恰逢教坛新秀比赛，研修任务相对多，于是常常熬夜，借咖啡提神。我一向自诩办事动作快，也还是屡屡熬到凌晨。但神奇的是，我每天依旧精神饱满，体力充沛。

到底在乐呵啥呢？

内心里，最快乐的还是孩子们在课堂上的表现。

403班这群家伙最近的听课状态好起来了，基本都能抬起头来认真倾听了。今天的口算质量也很高，希望较为复杂的商是两位数的除法笔算能顺利攻下。

301班开始认识分数。可能是由于自己今年的论文主题词是分数，所以格外关注孩子们对分数的看法。昨天上课研究了"一半"和"半个"。刚开始的情境里，孩子都认为大毛、二毛吃了一半和吃了半个是一样多的。课件揭

倾听与反思
特级教师修炼日志

晓家里总共有 4 个苹果时，有些孩子开始反对了。借助具体事物，孩子清楚地认识到"一半"和"半个"不一样，并发现"半个苹果"能确定（是具体量），"一半苹果"不能肯定是几个苹果，得看总共有几个苹果。这时我又抛出一个问题：大毛、二毛一个吃了半个月饼，一个吃了家里月饼的一半。可他们吃得一样多。这是咋回事？

没想到孩子都知道原因，因为只有一个月饼！两个情境对比说说"一半"和"半个"的相同点：都得平均分，都要平均分成 2 份，拿其中的 1 份。

我还尝试了很多高难问题：一半，可能是 1 个吗？可能是 1000 吗？可能是半个吗？令我意外的是，这些难题孩子根本不觉得难。可能是有了具象支撑，加上孩子都有较深的关于"一半"和"半个"的生活经验。如此神奇的会变的数，自然是孩子喜欢的数。我接着再引出分数各部分的名称和含义，并进行了作图表示分数和判断等练习。

整节课上得特别满意。

课堂上，当进入表示出图形的二分之一环节时，孩子提出了两个观点。江晨乐说图形里只有对称图形才能找出二分之一。戴家辉立马反对，三角形里也能找出二分之一，可三角形不是对称图形。

会质疑，还能提出反对，我特别赞赏。江晨乐的理由自然是不对称图形就无法对折均分成两份。看，我都特地不让孩子折出图形的二分之一，而是让孩子用阴影表示出图形的二分之一，可仍有孩子将对折这一均分为两份的简便方法当作了分数的本质。初识分数时学习材料太重要。我就希望孩子在第一课时就能知道一半有好多可能，只是三年级先学简单的，先研究把一个物体平均分的问题。

我把两个孩子的观点先打上个大问号侧板书挂着，到课末开始思辨。关于江晨乐的"图形里只有对称图形才能找出二分之一"的观点，应为说："一个平行四边形就能解释清楚了，平行四边形的二分之一我们都能找出来，可它并不是对折后能重合的图形。"关于三角形是否是轴对称图形，几个孩子跑上来画。一画图，就都懂了。三角形形状很多，有的是轴对称图形，有的却不是轴对称图形。我做了补充,对折后能重合的图形是轴对称图形,我并不求概念理解,对表象有个印象也是好的。

今天上课时,还出现了分子、分母一样的分数,且根据图形知道三分之三等于1。我问:"这个时候你觉得分数线像谁?"孩子说:"像除号,3除以3就是1。""是吗?分数和除法会有联系吗?回忆一下除法。"马上就有孩子指出"都要均分"。戴家辉突然兴奋地高举小手,跑上来画了条分数线,又在线的上下画了两个点,又把两个点都涂抹了一下,说:"分数其实就是除法。"

我看着图莫名其妙,孩子们却"哦——",几乎个个恍然大悟状。我不可置信地问:"这图,你们都懂?"他们竟然集体笑着,有的还拍着手嚷:"懂了!懂了!"

通过这个图就懂了"分数就是除法"这么深奥的知识?就我不懂?

我说:"那除法里面有6除以3,分数有三分之六吗?"立马,全体反对!呵,我就说不可能真懂!孩子们一个个说起了反对的理由。汪登晖还反问:"刘老师,总共只有三份,你还想要六份?太贪心了吧!"

果然,无论是用一个物体还是用一个整体来引入分数,都会受到"1"的影响,受到"分物先分后取其中份数"的影响,认为分数都小于1。只要是"分物"引入,此障碍无可回避。

论到此刻,铃声响起。

趁下课,我把几个刚才嚷"懂了"的孩子叫过来问到底啥意思。哈,原来他的意思是除号的两个圆点像0,它们能变成数字,就是分子和分母,中间的分数线就是除号的一横。哈!可不就成了"分数就是除法"——孩子们擅长直观地理解,一看就懂,我想太多,一想就想到意义去,错过了有趣的分享时刻。只是,就我一个人看不懂的犯晕时刻,也很有意思。

早上和中午都用于上课、批作,下午做了三节课的课件,还只完成我设想的一半,明天就要上了,只能晚上继续。周五,学校要进行教坛新秀答辩模拟考,进修学校要进行论坛比赛。周末要做好新秀推荐表,修改好论文与教研组案例,准备好下周的新秀校内比赛课。

的确辛苦。

儿子读幼儿园时,我并未如此勤勉。自打他入学之后,他每天晚上有自己的功课要做,父母自不好过于放松自己。我也就开始了每天晚上也要做功课的日子。书桌上,面对面,安安静静一起努力。未必要做到如何,我们都能觉知自己在成长,即可乐。

12月5日 ｜ 听比讲重要

今天301班学搭配问题，孩子们自学后我邀请三位小老师来执教。1号小老师因为比较关注解题的方法，平日胆大的他反而显出几分拘束。2号小老师江晨乐能拿起粉笔自创符号，通过画图连线来分析搭配问题，真好。不过，他还没学会和下面的同学交流互动。3号陈思帆擅长作图讲解和质疑交流，她已经能自然地点名、提问、解惑，这份互动能力得到了伙伴们的肯定。她讲解完毕，掌声自发响起。这份能力得益于她不仅自己积极发言，而且有喜欢认真听别人发言，并敏锐地针对疑点、漏洞迅速质疑的好习惯。

有的孩子喜讲不喜听，回答问题往往片面；有的孩子喜听不喜讲，虽心思细腻但表达就不够流利自然。其实，为人也好，学习也罢，两者皆备自是佳才。但若只具备一项，听比讲重要。听，是博纳，是兼容，是汇聚，是学习；讲，是抒发，是表达，是展示。

我们才刚起步，孩子的一切都不可限量。

403班今天的听课专注度优于往日，商是两位数的除法笔算仅三四个孩子有困难。下午的作业课，我给孩子们讲述了一则数学故事。孩子们听得特别认真。那齐刷刷的目光我期待已久，成形于此时，倒也小激动了一把。以后抽时间好好和孩子们讲讲数学故事。

倾听与反思
特级教师修炼日志

12月21日 | 初次论坛

第一次参加论坛,准备得辛苦,表现得不佳。这次论坛是读书论坛,我的题目是"孩子,飞翔的支点——从《俞正强:低头找幸福》中窥见幸福",文稿如下。

假设有一位老师,
从未参加过任何教学比赛,
也没获过任何奖项,
他是否有机会获得特级教师的荣誉,
成为"最有希望走向国际的名师"?
你一定会说,这怎么可能。
可他,就在我们浙江——省数学特级教师金华市站前小学校长俞正强。
日常数学教学中,我们最恼什么?问了一圈儿教育伙伴,答案"孩子不认真听课"高居首位。看似最普通的问题却总是最难解决、最重要的问题。它也时常困扰我。

庆幸,困思之中遇到了《俞正强:低头找幸福》一书。薄纸上平实的文字,让我经历了一次又一次的观念碰撞和震撼,经历了一次又一次的自我审视和反思。我渐渐明晰教学幸福的真谛——孩子,是我们飞翔的支点。

我们的交流就从一则普通到极致的小故事开始。

有一天,俞正强上数学课时,班上的孩子特别吵。放学后他罚全班孩子留下来静坐15分钟。第二天,他看见一个孩子在作业本上写了句:你有本事你让他们忘记吵!

故事就这么长。故事里的那句话,大家一定和我一样,感受到了孩子的鄙夷和不满。

不一样的是,我因孩子的挑衅而气恼,他因孩子的挑衅而顿悟:不能只想我应该怎样上课,我应该想怎样把课上好。顿悟之后心里满满的都是对孩子的感激。

他开始研究孩子的心理,发现小孩子是先喜欢老师这个人,再喜欢这个老师的课。他发现小孩子和成人不一样,成人容易记住不好的事情,而小孩子擅长记住好的事情。于是结合教学实际,他提出了 5:3:2 课型构成理论:每节课都让孩子感到有意思是不可能的,再优秀的老师也要上大量的普通课。十节课里,至少有五节是不花什么精力的普通课,至少有三节是数学技能训练课,只有那么一两节是要花精力去思考的、让孩子觉得有意思的课。孩子经历了一节有意思的数学课就会喜欢你,会快乐地回味很长时间,在回味中不知不觉就已经度过了五六节枯燥的课。

为了让孩子回味课堂忘记吵,他精心设计那一两节让孩子觉得有意思的数学课。而这些有意思的数学课不仅让孩子觉得有意思,也让整个小数界觉得有意思。

他上错题分析课——直接板书前一天孩子计算作业中的三道错题,问孩子:为什么不喜欢错误?三个错误里最不讨厌哪个?为什么?一支粉笔一块黑板,缓缓展开,深度挖掘。他让孩子认识到,错误不可避免,却要付出代价,要珍视错误,少犯错误。他让我们认识到教学资源可以完全来自孩子。"以学定教"的研错课堂何其精彩!

他上数学目录课——讨论:目录有什么作用?什么时候会用到目录?把数学目录和语文目录一比较,孩子发现数学目录不仅呈现内容、指引路径,还体现了知识的前后序列。他让孩子体会到如何通过目录去了解学科知识的逻辑。他让孩子认识了一种知识的整理方法,一种阅读的新方式。他让我们见识了一堂匪夷所思的课——数学课竟然可以用教材的目录上得灵动又深入,数学教学竟然可以紧贴着孩子的认知心理让孩子学会学习。

倾听与反思
特级教师修炼日志

他上举一反三课——提供"异分母分数加减法"和"平行四边形面积公式推导"两份材料，找出它们的共同点——"转化"，再让孩子自己提供类似的数学材料。孩子在提供材料的过程中就完成了一类数学方法的复习。他让孩子认识到：以一种数学方法为核心、以所学的全部知识为背景，整理出相关的知识，感受知识之间的融会贯通，是复习的最佳方式。他让我们发现了自己的呆板，我们知道平行四边形面积教学要用到转化，知道异分母分数加减法要用到转化，却从来也不曾想到可以把平行四边形面积与异分母分数加减法放在一起让孩子感受转化思想，从来也不曾想到可以这样去沟通来自代数领域与几何图形领域的数学知识中蕴含的思想方法的同一性，从来也不曾想到可以用这样的教学方式去让孩子的思考更深入，去渗透落实数学基本思想方法。

他上数学欣赏课——一道鸡兔同笼的题目。他让孩子们看自己一年级时这样解答，二年级时那样解答，三年级、五年级用的解题方法又不一样。在回顾和比较中，孩子发现不同的方法原来是相通的。他让孩子欣赏自己一步一步从图像到抽象的思维历程，欣赏历代数学家鸡兔同笼解法中独特的思维方式，他让孩子知道了欣赏也是一种有意义的学习方式。他让我们知道了还可以用回顾、欣赏的方式，让孩子从掌握零散的数学解题方法到积累解答一类题的数学基本经验，知道了还可以用回顾、欣赏的方式，让孩子从单纯的数学解题中走出来，去感受数学思维之美，去感受数学学习方式之美。

这样的角度、这样源于数学又跨出数学的教学你我可曾想过？从教材到学材，从目录到例题，从知识教学到方法渗透，从知识掌握到经验积累，学习目标显然已经从"双基"变成了现在刚刚确立的"四基"，可这样的数学课堂却是他十几年前的演绎。从5:3:2的课型构成研究到让孩子一生受用的数学课的生成，他真的将孩子的"挑衅"改写成了"帮助"，将气恼化成了感激。

透过那发自内心的感激，穿过那精彩纷呈以学定教、以生为本的课堂，转身回望俞特当年那吵吵闹闹靠罚坐维持纪律的课堂，你我又有何感触？是的，"是故学然后知不足，教然后知困。知不足，然后能自反也；知困，然后能自强也。故曰：教学相长也。"来自两千多年前《礼记·学记》的教育梵音在耳边轰然鸣响。然，"教学相长"，你我哪一个未曾听闻？是故，你我是教学"相长"，还是"不长"，甚至"抑长"？是被动地"长"，还是主动地"长"？想来，都取决于我们是否将自己当作教育教学活动的受益者，是否将学生当作真正意义上的教学法老师。

不由回望自己十余年的教学生涯：看似没有停止过前行的脚步，也从不怀疑自己对工作的热爱，但又时常因孩子带来的教学困难而烦躁抱怨，可谓"知困"而怨恼。

"知困"在先，应"自强"在后。我开始学着精心设计那一两节有意思的数学课，学着重视并坚持自我审视和反思，学着思考如何用一生的眼光去看一个孩子在童年阶段的学习生活。只要坚持以阳光的心态、以发展的眼光、以灵动数学的理念去关注孩子，只要深入领会"教学相长"，只要在等待孩子成长契机到来的过程中提升自己，最终必将以自己的成长带动孩子和课堂的精彩蜕变。

改变自己，感激孩子，教学相长，与孩子们同行共长——教学的幸福，或许俯首即拾。尽管我尚在蹒跚学步，但我已然虔诚地窥见了那条通向教学幸福的小路。

而这一切的一切，孩子，是飞翔的支点。值得铭记。

这次论坛，给自己记下三点"教训"。

1. 有时无须因某些规则框住自己。比如这次自己就过于关注不超过10分钟的规定，导致文稿字数从2300到2200，再到2000，1800，1700。周末定稿后，由于读速与讲速的差异，自周一开始文稿每日都在删减变化中。这不是删去几个字的问题，是重新整合的问题。每日读改，却未现流利之态，足见精力分配不佳。

2. 肯定会紧张的场合，切忌仓促准备。早上还在修润字句，导致论坛时深受遗忘困扰。又因几易其稿，受到前稿影响，连题目都说错了一个字。以后遇到这类活动,须提前一周脱稿,核清语速,核定文稿,只有脱口而出,胸有成竹,才有游刃的余地。应该说,论坛时我已经发挥了自己目前准备的最佳水平。试讲时好像更疙瘩。

3. 写的时候就应该考虑到脱稿讲。写只能写思路,写得过于细腻,后续就没有演绎空间,只能死背。那是痛苦又无聊的过程。

感谢评委会还予我一等奖,实在有些惭愧,只能算是"好孩子奖"。

20 年 13

3月7日 | 切入再晚一些

盼盼的课连着磨了三次,她的嗓音真让人羡慕嫉妒恨,柔和婉转,音质一流。课的思考和流程都很精彩,年轻老师的进步真是不可小觑。

我比较关注她的提问语言。我发现自己在听别人上课时已经能很好地识别教师问题的不合理处,并能想到更好的问题,但当局者迷,自己在课堂教学实施过程中仍然觉得这是最难把握的细节。

比如,当盼盼问孩子:"29后面是谁? 39后面是谁? 你们有好的办法可以教教邬老师的孩子吗?"一个孩子说:"29后面,2要进1个,变成3,就是30。"显然,由于教师问题问得得当,这个孩子的回答非常精彩。但显然大部分孩子并不能理解他的话,他的话从数学角度来说也不够精确。于是接下来,盼盼说:"他说的对不对啊?哦,是的,29再加1,就满了,2就要变成几?"在这一提问过程中,教师显然是希望全体学生理解这个孩子回答中的"精髓",对此经验做补充并引导经验扩散。

但我觉得教师切入还是有些早了。如果这时,继续问:"他的话,你们听懂了吗?什么意思?"这样,就会有多个孩子表述自己的方法。这是让同一层次的孩子在不断地表述、重复、补充。然后再问:"他们说的和你的意思一样吗?""能在计数器上把你们的想法更清楚地演示出来吗?"这能让班级其他层次的孩子们都理解这一方法。语言和操作穿插进行,有利于个体经验更好地扩散生成群体经验。

3月27日 | 再做得好一些吧

今天下午，参加了教坛新秀理论考试。进入考场，别人似乎都有一种兴奋感，独我一人如置真空罩之中埋头背记课标摘记，身旁是谁都没顾上看一眼。

倒不是紧张，是我一向看重短时记忆。

不过，考试时与课标相关的内容都好简单。

答卷时遇到困难的题，我就先空着，哪知道到了后面就做不完了。时间一到，必须交卷，只好匆匆思考了几道之前空着的题目，心里真不爽。要是再给一刻钟，这些题应该都能想清楚，能再做得好一些。

今天，403班学习了三角形的三边关系。这是最近上得最高兴的一节课了。孩子们掌握得很好。这段时间，好多孩子课堂表现好起来了。特别是阮艺凯，变化很大，进步明显。我的奖励是，班级今天的作业由他布置。可把孩子们乐的。我再用心些，他们会更乐呵。

上周，在301班我拿出了4节课——两位数乘两位数的口算、估算、不进位笔算、进位笔算，让孩子们三人组队申报执教。先报先得，我发给了他们一份教学设计，指导了合作流程。根据报名情况，今天由汪登晖、孙宁坤、葛旭洋执教。昨天我特地听了一遍他们的教学预演，觉得还不错。

三位小老师各有特点，汪登晖显得老练些，孙宁坤则准备充足，小卡片做了一大叠，葛旭洋还带了学习机助阵。

我拿着手机拍，镜头下的孩子们听得都挺认真。大家在小老师的组织下能相互质疑，能抓住"50×40"这个式子重点交流，不错。但是，口算的算理没有说到位，孩子们更看重算法。所以，15分钟后，轮到我上场，我以检验的名义继续教学。

一下课，汪登晖就跑过来说："刘老师，作业今天是我们来布置的吧？"我倒是一愣，孩子们的"教师意识"真强啊。403班我刚以个人布置作业为奖励，他们还在一愣一愣地惊喜不已，这个娃娃倒好，理念超前，自己提出来了。我说："好，一切听汪老师的吧。"这下他满意了，跑进教室布置了一页口算。不过，学的是口算，做做口算也行。

明天是陈思帆、应为、钟斌泽上课咯，听说精美课件都已经制作好了。

不过，估算可不简单，要结合具体情境展开。

无论是作业的作品意识培养，还是孩子们上课、听课能力的训练，刚起步的时候，总会有很多困难，也不一定完美。但是，孩子们才处于中段，几年之后的精彩我能预见。

3月28日 | 尽力而为

第一节课,陈思帆、应为、钟斌泽三人执教。三个人竟然根据自己的教学内容准备了两份课件,教学过程中的相互交流和提问更让人惊喜。只是,估算相关的知识点太难,无法到位,也暴露出估算已经被贴上了"大约"和"四舍五入"标签的问题。第一学段估算的目标是结合具体情境合理选择估算的单位,第二学段估算的目标是结合具体情境合理选择估算的方法。所以,选择估算方法对孩子们来说是有困难的。在孩子们讲解之后,我拎出其中一道题目,呈现三种不同估法,分析发现这些估算的结果分别是可以确定的、确定比准确值"大了"或"小了"的,和无法确定的与准确值"较为接近"的情况。再在数学书、数学课堂作业本上选择具体问题,让孩子们根据具体情况进行估算,并说说为什么用这种方法估算。我发现孩子们理解得挺好的,过于深挖也没有意义,就此下课。

第二节课,下发了孩子们之前做的练习卷,让孩子们独立订正后再次上交。我向孩子们允诺,只要诚实地由自己独立订正,订正对几分,就再加几分。孩子们领卷后迅速投入到检查订正之中。之所以这样处理,是因为我很想看看到底哪些题目他们是真的不会,哪些题目他们能在深入思考后自己解决。自认为查订完毕的就上交,可以阅读新的数学报。

回到办公室二度批卷,用紫色笔勾出做对了的题目,发现好多题目孩子都能订正对,有好几个丢了十几分的孩子甚至能全部订正正确——看,省下了多少分析的功夫。主要难点还是"经过时间"的计算,看来针对性练习还得跟上。知识掌握程度的差异非常明显,有几个孩子连规定性的知识,如"一年有几个月"这类题都无法解答。

放学后,赶紧拟定了一份"年、月、日知识整理",明天我得发给孩子们,有的规定性知识还是要背记和掌握的。

403班今天打算复习一下胡珊敏在我班试教的"三角形的分类",我知道对孩子们而言,三角形分类的知识不是那么好掌握的。

果然,我们有了这段对话——

师:三角形,按角的特点分类,能分几类?

生:三类,直角三角形、锐角三角形、钝角三角形。

师:在这些三角形中,有的三角形的边独具特点,还记得它们吗?

生:等腰三角形、等边三角形。

师:很好。我非常喜欢这个等边三角形,谁能介绍一下它?

生:三条边相等。

生:三个角相等。

师:那么,等边三角形按角的特点分类,它一定是什么三角形呢?

生(绝大部分):直角三角形。

生(一两人):锐角三角形。

师:有认为是钝角三角形的吗?

生:没有。

可见,"三角形的分类"一课的教学核心绝不是表层的分类。按标准分一分不难,记住分成哪三类也不难,难的是能根据提供的三角形的边和角的特征想象并明晰三角形的图形表象。分类仅仅是对三角形的图形感知、特征想象的一种推进手段。黑板上还画着图呢,分类也认真学了一课,竟然还有很多同学认为等边三角形是直角三角形。

接下来的辩论黄熠以一番清晰的表述而轻松获胜。

黄熠:等边三角形它的三个角相等,如果一个角是直角,那么三个角就都是直角了。

生:不是,一个直角,还有两个是锐角。

黄熠:那三个角不就不相等了?(画图辅助)如果这个是直角,这个也是直角,再画下去就是正方形了。

这才没有异议了。但心里真明白了?

我觉得讲解一时也无法到位,要掌握这些特征干脆借助一下三角形的内角和,这样,有了具体的角度,可能对角的特征的判定会更容易些。

原先设想的分类复习、看角猜三角形等打算落空,迅速切换到三角形内角和的学习。孩子们都知道三角形的内角和是180°。如何证明呢?一起折一折"点点头,拉拉手"能证明,三角板拼一拼也能证明,剪刀剪下角来拼一拼也能证明,长方形、正方形分割也能证明。

证明后自然要运用了,"等腰直角三角形,你知道它的三个角分别是几度吗?为什么?"可见,认识三角形内角和之后再学三角形的分类,其实更有意思。上课的感觉是渐入佳境,孩子们听得好,思考也比较到位,感觉很开心。

6月5日 | 送教的收获

昨天接到今天下午去莼湖送教"长方体和正方体的复习"的任务。昨天下午，一直忙于批作和上课，没时间思考课，想着到晚上静静去备课。

结果，晚上自己肠胃不适，儿子还弄丢了语文试卷，只好又去三味书店买。一咕噜折腾下来，已近十点。根据基本设计制作了大概的课件，临近十二点，实在不舒服，就设了凌晨三点的闹钟先睡下了。哪知道三点时虽然被闹钟吵醒，神智还是不清，一直拖拉到五点起床思考问题。

第一节，何霞老师在上"运算定律"复习课，我在调整板书，没听。

我是第二节课。课前谈话一探底，我就知道糟糕了。孩子们连基本公式都遗忘得干干净净。那么，我的设计肯定要出问题了。果然，课始便发现无法顺利推进，因此，放慢了脚步，重在复习最基本的知识。

老实说，对于单元复习课我一直都没上顺过。我设计的更多是总复习的复习课，是侧重于思想方法层面的复习课。说是"送教"，实是"求教"。从学生角度来看，参与度不够高，还是不够有效。

现在想来，单元复习课，要包括知识点梳理、查漏补缺、拓展延伸三部分内容。

如何让学生参与呢？

知识点梳理，可以让孩子参与其中，自己看书进行梳理。也可以提前一天布置：你认为这一单元的知识点，同学们最容易错的题目是哪些？上课的时候，先小组交流，组内说一说为什么你觉得容易出错，容易出怎样的错。

关于公式类需要记忆的知识点，不要花很长时间，很快带过。可以借助一种材料将所有知识点卷入一个情境之中，初步感悟整理，然后用列表的方式归纳总结。

单元复习课，最多设计两课时。如我这节课，第一课时，侧重表面积。第二课时，侧重体积和等积变形。

我这节课，可以把这一块放大：

1.观察以下长方体的相关数据，不计算，你能判断它们的体积是否相等吗？

①底面积是4平方厘米，高是10厘米。

②长、宽、高分别为1厘米、4厘米、10厘米。

③底面是周长8厘米的正方形，高10厘米。

④底面积为100平方厘米的正方体。

⑤底面为正方形，侧面积是40平方厘米，高是10厘米。

小结：底面积和高，是求体积的基本数据。

2.那么，这些长方体的表面积是否也相等呢？算一算。

3.如果没有告诉你和底面相关的信息，你还能计算出长方体的表面积吗？

老师要积累题目，积累到一定程度就会达到这样的境界——说到这节课，脑海里就能呈现这节课的基本题、变式题和拓展题。

想想，那真叫境界了。

10月10日 | 触摸孩子的思考路径

国庆放假前,计划401班学习三位数乘两位数,503班学习双归一应用题。实际503班照计划进行,而401班因为12日下午要承担一节市公开课而改学平行与垂直。

平行与垂直的知识点主要有两个:同一平面内的两条直线的位置关系分为两种——相交和平行(永不相交);相交有一种特殊情况就是互相垂直。常见错误也有两个——如果对"同一平面内"理解不到位,这一条件就很容易被忽略;由于垂直出现比较多,孩子就容易形成"位置关系是平行和垂直这两种"的错误认知。

课堂上,当我举起两支铅笔形成平行状态后,将一支铅笔旋转90°,就使两支铅笔处于异面平行状态。这不是小学阶段要涉及的内容,然而数学的连续性要求我们最好让孩子在脑海中为以后的学习留存空间,所以,我希望孩子知道两条直线还会有这样的位置关系,只是将来才学习。上课时,这一段对话让我很是兴奋。

师:这样呢?还是平行吗?

生1:不是。

生2:是。

师:说说自己的理由。

生1:它们永不相交,所以也是平行。

生2:可是,看上去不像。

陈思帆:我认为不是。这样的关系是具有空间感的,我们在一张纸上是画不出来的。

倾听与反思
特级教师修炼日志

周子扬：我能画出来。一条画成直线，一条画成一个点。

陈思帆：那你的另一条直线在纸上就只能画成一个点了，并没有真的画出来。

师：一张纸就相当于一个平面，而这样的两条直线就处在像陈思帆说的空间中，并不在一个平面内，这样的位置关系我们目前不研究。我们目前只研究在同一平面内的位置关系。

两个孩子的回答给我很深的印象。以往对于"同一平面内"，更多的是我自己演示和讲解，但这次陈思帆的"空间感""一张纸上是画不出来的"让我触摸到了孩子的思考路径。顺着他们的思考，我也对"在一张纸上能清楚画出来的位置关系"进行了表述。

虽然说，教学应该顺着孩子而行，然而在实际教学中践行真是谈何容易。

目前手头排列的日常教学之外的任务有：

1月12日下午上交"三角形的分类"教学设计；

2月12日下午模拟上课"长方体和正方体的表面积"；

3月15日下午（暂定）和王凯端、汪杰去锦屏小学上"圆的面积"；

4月23日下午去岳林小学做"除数是小数的除法"观点报告。

争取每天晚上做一个吧。

12月18日 | 学生变了，你不变都不行

我到会场的时候，杨名师已经开始课前谈话。很长的一个故事，粗粗感悟互相帮助的关系，切入正题——今天来研究直线与直线的关系。

整节课，环节之间的衔接非常完美。从故事切入研究两条直线的关系，观察并追问直线有什么特点。抓住可以延伸的特点，延长其中一条直线，借交错引出相交。随后提供五组相交直线，观察异同，提炼出两条直线相交成直角是互相垂直关系，揭示垂直概念，练说之后让学生自己测量判断三组直线是否互相垂直。操作测量中引出古人的测量工具，插入数学文化介绍，自然地提出让学生用现在的工具画一条直线的垂线。

过渡巧妙，环环贴合，足见设计时所费心力。这节"认识垂直"，截取了四上"平行与垂直"与"画垂线"中的部分学习内容，很是新颖。然而，听课的是三年级学生。这让听课的我心生疑问：全新组合的教学内容是否合理？三上的学生学习这块内容是否补足了相关经验？

表面看，这样截取内容很是合理，但是从内在逻辑和学生的课堂反应两方面综合来看，可能并不适合。

首先，垂直应是一个类似"属"加"种差"的概念，"属"是两条直线相交，"种差"是成90°角。相交的五组材料直接提供，略过了相交的判定。孩子脑海中还不清晰相交和不相交的多种图形表象时，教师就引入了垂直，将相交当作了一个引子，忽视其"属概念"的地位。于教师而言，这是为了时间上的合理配置。如果和一般的"平行与垂直"教学一样，深度剖析相交再引出垂直，内容可能上不完。但是，如果孩子对相交概念只是初步了解，他们对垂直的认识也就难以到位。这就导致后来学生认为两条直线相交成"T"形不

是互相垂直的关系，哪怕已经测量确认了直角，仍有学生认为不是互相垂直的关系，其原因就是相交关系理解的跳跃。"T"形至少还有个交点，如果两条直线是"— |"形，更多的孩子会认为不是垂直的关系。这些难点，以往的教学都是在理解相交的过程中得到解决，而从相交中辨认出垂直并不难。为了新的内容组合，教师想快点跳过相交，可是学情不允许，时间必然又会散落开来。

其次，只取垂直跳过平行，认识相交撇开不相交，对孩子而言，真变简单了吗？孩子们还有没有是在研究两条直线的位置关系的感觉？

另外，课上学生多次用三角尺测量判断两条直线是否互相垂直，每次学生都测量4个直角。前几次的确可以如此，但到课末老师也没有问"量几个角才能判断两条直线互相垂直"，想来是因为学生对平角、周角等概念并不清晰。原本四年级学生学习这一内容是有《角的度量》单元做基础的。而现在，三年级学生连"量出一个直角就能判定两条直线互相垂直"都没有认识到位，根据三角尺的一个直角来画垂线显然是不合理的。学生变了，你不变都不行。

12月27日 | 今天你让孩子"幸福"了吗

宁波卓越工程启动,我们有幸来到华东师大学习。

朱益明教授,教育经济学博士,特长是教育政策和教育评价的研究,为我们做了题为"教育的变化与学校的发展"的讲座。他语速很快,语言幽默,让我对常见的社会教育现象有了以往不曾有的理解。

关于起跑线

上海市民对民办初中推崇倍加。如果都是以榨取时间来提升成绩,有什么意义?短时间内压一压孩子,孩子的确能弹一弹,但他能永远弹起来吗?能弹到哪里?

常见的口号,都正确吗?比如"不能输在起跑线"。不能输在起跑线,其实就是投机取巧的抢跑意识。抢跑到底有意义吗?且不说对距离在3000米以上的长跑,抢跑已经没有效用了,还要问问你永远有抢跑的机会吗?

家长需要更多地关爱我们的孩子,听一听孩子的愿望。要投资教育,但是要投资在人的发展上,而不是投资在功利的知识储备上。小学不应该要求儿童为入学做好学习准备,而是要自问学校是否做好了接收好动的、没有学习基础的、还没规则意识的儿童的准备。

儿童的六年小学生活,是极其重要的。几十年前,学习很轻松,那时是穷开心,现在富裕了,为什么不能更开心?教育要从政治功能——肩负国家发展的使命,转化成人的培养功能。我们要教育孩子从小就关注自己的身体健康,教会他们尊重别人、关爱别人、热爱生活。尊重别人是极其重要的品质,培养的基石就是教师和父母真正地尊重孩子。你做到了吗?

关于规则

国家没有培养出杰出人物，不是教育的问题，是社会的问题。教育只能提供最基本的教育，更多的是传承现成的知识和技能。当全社会都推崇拍马屁、山寨的时候，还怎么创新？

社会终将步入多元社会，进步到了一定的程度，就会包容对约定俗成的事物的叛逆。

网络融入日常生活。当孩子对网络过于迷恋，采用禁止、管制、管理这些手段无效的时候，指导、引导、教导就是关键的。儿童并不擅长违反规则，成人才是真正破坏规则的人。家庭规则一旦建立，如果家长一直不违反，儿童往往能很好地遵守。这个我也感受到了。比如第二天要学习的话，前一天晚上我和儿子都不看电视节目，我没违反过，儿子也就没违反过。

跟自己的孩子、跟自己的学生制订规则，团队意见一定要一致。要给孩子权利，才能要其承担责任。但是，孩子的责任、家长的责任要分清楚。学习是孩子的责任，要让孩子感觉到父母都在认真地工作，让孩子感觉到父母的进取心，不要去啰唆孩子的学习，但要尊重他们，关心他们的身心健康，多鼓励孩子。

这个观点早早就接触了，自己其实一直有这样去做的意识。当我静静地做自己的工作时，乐就会在一旁专注地阅读昆虫类书籍或画昆虫和其他动物。每当这个时候，我感觉特别幸福。可我苦恼的是，他到了课堂上，仍常常沉迷于自己的昆虫世界，走神入定。道理早已啰唆了好多遍，乐的改变并不明显，我又该如何引导？传承的知识可以自学，可孩子的集体意识、规则意识及互助关爱等品性却适合在学校教育中养成。

关于理想的教育

不公平的学校教育，实质上不是外在保障的不均衡，而是将孩子的"个体差异""多元智能""文化多样性""好奇、激情、创造力"统统消除，融合成一个通道,压成一个模板,通向"就业技能"。真正公平的学校教育,是放大孩子的差异,尊重和利用孩子的差异,将孩子放大成各自领域高水平的人。

这是何其理想的教育状态——让每个孩子做最好的自己。无论是作为一名教师,还是一个妈妈,我都感受着教育的复杂性,感受着教育不断提出的挑战。我应该努力为孩子营造好的环境,舒缓孩子的情绪,让孩子爱学校、爱老师,引导孩子感受学校教育的美好,培养孩子成为值得别人信任的人——无论他将来从事怎样的职业。教育不该总是关注准备性,学习不光是为将来做准备,教育更应该关注如何让孩子幸福在当下。是的,当下的幸福,童年的幸福,如果丢失了,该到何处寻找?如果童年都不快乐,都不自由自在,将来还能快乐到哪里去?

我们教师需要社会的尊重,需要社会真正理解教育。当教师培训是将教师当作改革的对象,是将教师当作教育进步的阻力时,教师对培训能有多少兴趣?如果培训立足于让教师感到被肯定,让教师收获更多的自我成就感,让教师生活得更健康、积极,教师就不会抗拒培训。孩子的学习,亦如是。教育不该延续传统的"强迫"思维,需要有"服务"孩子的思想和行为,否则就是我们成人在以大欺小。教育不是"被塑造",教育应该是"被享受"。如果教育只是灌输和强迫,教育就不是艺术了,教育也就丢失了专业性,一个机器人都能替代教师,谁都可以当教师。只有从根本上转变观念,才能真正有利于我们教师职业地位的提升,体现我们的专业性。

每日值得一问:今天你让孩子"幸福"了吗?

12月28日 | 精神娱乐

早上，上海市教委教研室纪明泽教授和我们交流了上海的基础教育课程教学改革实践构想。PPT里都是凝练的理论条缕，但穿插的却是欢娱精神的"甜品"。

由于PPT理论共享，所以我专注于记录博得阵阵笑声的妙语。

●教育的群众路线八个字：学习、调查、决策、落实。学习，吃透上面的；调查，摸清下面的；决策，形成自己的；落实，变成群众的。

●在很多领域，都是一小群精英引领一大群"傻瓜"。懂相机的精英为不懂相机的一大群人设计了"傻瓜相机"。

●学习负担的沉重，很大程度是因为我们不停地在"补短"。站位反面去思考问题的解决方法非常重要。一件事情出现问题很难解决，可以通过与其他学校对比，然后走到问题的对立面去找方法——扬长。这就刺激了校本课程的建设。所以，校本课程建设的前提是通过充分的活动去"发现"学生有什么"长处"。

●小学不宜进行精确的评价，等第制度优于分数制。一来学生可塑性还很强，评价很难准确；二来教师的评价能力、评价方式普遍不优。

●幸福和快乐都是自身的感受，不要在乎别人眼里的幸福，自己觉得幸福就好。一个人如果经常要问别人是不是幸福，通常这个人是不幸福的。一个教师埋头专注于他的思考和业务成长，无暇自问是不是幸福的时候，可能他是最幸福的。这就和看一个人有没有钱是一样的道理。一个人都不花时间问问价格直接买下，另一个人花了很多时间问价格、还价格，最后可能还没买，谁有钱？

● 大城市"剩女"过多,教育起了推波助澜的作用。

● 教育评价制度以"谁细心谁少犯错误"为胜者,男孩子一般不怕难题不得分,就怕每题都扣分。一般重点高中,女生肯定占65%以上,这不利于社会的发展。男孩子的发展环境越来越严峻,要让男生也有好的发展。越是经济发达的地方,越是女生占优势。上海小学只好规定:小学生男女干部比例必须1:1。小学教师基本90%以上是女教师。家庭里父亲责任基本缺失,导致男孩子成长困难更多。而父亲责任的缺失,大都又因为母亲们都太厉害,母亲一般从小当干部,单位当干部,家里也当"干部"。越是经济发达的地方,越没什么男主外女主内的界限,女领导基本内外通吃。

● 经历多了,眼界就高了,眼界高了,境界就高了,没有眼界就没有境界。

● 女孩子要富养,不是物质富养,是要让她多经历,开阔她的眼界,提升她的境界,最终让她具备抗腐蚀、抗诱惑的能力。

● 美国要把中国像苏联一样分裂是不可能的,要动摇中国,需要动摇中国人的"四信"——信仰、信念、信任、信心。

● 美国认为中国的教研组很厉害,能把很一般的教师变成很有效率的教师。

● 上海教育的基本共识:学校的课程是育人的关键。

● 什么是课程?是学校提供的机会,教师给予的礼物,因为课程学习应该让孩子感受到快乐,印象深刻;是一份经历,一段旅程,一种记忆,因为课程学习是孩子必须经历的一段历程;是学校一切教育教学活动的总和,因为课程包括显性的课程,如各个学科的学习,还包括隐性的课程,如校训校风等;是跑道,因为课程的英文含义就是跑道,的确有提供奔跑的场所的寓意。

● 学校里谁是领导?谁具有否定权,谁就是真正的领导。

● 基于证据发现问题,基于项目解决问题。

● 目标,一定是和结果联系在一起的,是预想的理想的结果,不能只用过程来描述目标,要描述清楚经历了这个过程要达到怎样的学习水平。

● 布置作业就像施肥,没有作业不行,但是施肥过多了,就没效了,过多施肥，甚至连明年的产量都影响了。

●培训、培养、培育是不一样的，对应规范、模范、示范。如果你们是来培训的，那是来学规范的，你们还不是有能力的骨干教师。如果你们已经是骨干教师、学科带头人，那就不能训了，训对你们是没有用的。这时该养，要养在一起展示、交流、PK，谁会不努力？谁丢得起这个脸？如果你们已经很卓越，那就该育了，该提供更广阔的空间、更宽松的氛围，给你们尊重和地位，让你们去引领示范。

●评价不适宜合成，就像一件衣服的尺寸，最好是袖子、领子、衣长等都有分项指标。

下午，跟着张际平教授欣赏了"未来课堂"，见识了"思维导图"。"未来课堂"对现实中的我们而言只能是欣赏其"先进性"，惊叹其"信息化"。而"思维可视化"倒是给了很大的启发，图示的确有助于记忆，但对小学生而言，提炼制作一份图示是有难度的。我自己可以先尝试，然后让孩子们也有所接触，或许孩子的接受力能超出我的想象。

直到活动结束，才知道纪明泽教授是我的理论导师。数学班里好像就我配的是跨学科的导师，同组的丁言君是科学，其他几位老师是美术、音乐等学科。明早正式拜师了。

无论哪个教授都有足够的能力指导我们的理论，然而时间短暂，导师忙碌，接触近无，最终能否有大的受益，取决于我自己能否顿悟到什么。

2014 年

2月25日 | 好别扭的"抽样"

早上,新教材培训,聆听了孙蕾老师的"数据收集整理"一课。

本课需要渗透统计的基本概念——抽样。而我对抽样的理解从聆听试教开始一直别扭到现在。

在教学中,老师设置情境——学校要根据学生的选择来征订新校服,但全校人多很难调查,讨论得到可以先调查自己班的策略,然后以举手方式统计出大多数人的意愿。

在经历了这样一个过程之后,呈现了这样的问题——

"如果我们班定做校服,选择( )色合适。"大多数孩子选择了"蓝色"。随后跟进问题"那么,全校选这种颜色做校服是否合适?为什么?"一阵讨论后,教师利用"一个班不能代表全校,所以不合适"进入下一环节。这给我一种"全盘否定"之前抽样统计的感觉。

我感受到的别扭,也源自这里。

我们想让孩子怎么回答,确切地说,是教材意欲让孩子怎么回答?能否简单地以"不合适"来引导?能因为"不是最全面的数据统计"去否定本次统计的意义吗?本课需要感受的"抽样意识"到底是怎样的?

抽样调查是非全面调查,它是从研究的总体中按随机原则抽取部分单位作为样本,进行观察研究,并根据这部分单位的调查结果来推断总体,以达到认识总体目的的一种统计调查方法。抽样调查的主要作用:(1)用于不可能进行全面调查的总体数量特征的推断,主要有两种情况:第一种是无限总体的调查,第二种是具有破坏性或消耗性的产品质量检验;(2)用于某些不必要进行全面调查的总体数量特征的推断;(3)用于全面调查资料的评价和验证;(4)用于生产过程的质量控制。这是孩子在中学数学学习时要体会的抽样意义。而在本课学习中,个人认为——在总体数目很大的时候,在很难一一调查所有对象的情况下,就可以、就需要利用抽样的方式对整体进行推断,这是孩子真正需要体会的抽样调查的意义。

面对"那么,全校选这种颜色做校服是否合适?为什么?"这一问题,我觉得"合适"的概率应该是高于"不合适"的,都是小孩子,爱好类似,基本属于"同质",孩子应该达成的抽样认识是"我们之前的抽样统计是有意义的",感受到其"合适"的一面,但100%合适吗?那才是NO。孩子们只需感受到"也有可能我们班喜欢的颜色不是全校同学喜欢的颜色"即可,为中高段体会"随机概率"内伏一线。

这样的理解,是否正确?

只有评价与课程、教学形成一致性,才有可能让教育的内在价值得到充分体现。

4月23日 | 汇智学艺

越发觉得课难上了。这门技艺,有人有天赋,有人摸索多年仍懵懵懂懂。我显然是后者。

汇智课堂,我是奔"智"而去。说得通俗一点儿,就是希望能学一招两式,回来装点一下自己的门面。

今天听了三节课,林良富老师的"数学思考"、郑水忠老师的"三角形的认识"、邱学华老师的"同分母分数加减法",每一节都自有特色,每一课带给我不同的收获。我将其依次概括为"自主课堂的调控细节""概念教学的多层概括"和"家常课堂的尝试推进"。

林良富:自主课堂的调控细节

林特上的是六下的"数学思考",是教材修订后新增的内容,属于排列组合的综合篇,乘法原理的运用。教学重在通过画图、列举、算式表征等方法,让学生理解乘法原理的基本结构,学会从整体出发,分步、有结构地思考策略,并在优化表征策略的过程中体悟数学思想,运用乘法原理解决生活中的问题。

整节课很好地达成了以上目标,但没有窥见总复习特色。纯粹是一节新授课。看着页码,想想应该已到总复习阶段,心下对修订后的教材多了几分好奇。

林特用的是万里的学生,目的就是展现"三环六学"教学模式下的学生风采。之前就见识过,所以这次尤为关注"以学为主"的课堂。"以学为主",教师要如何及时地参与其中,又如何恰如其分地隐退?

我滤去教学内容,独看"放"中有"收"的精彩。

镜头一:呈现问题情境后的尝试

林:你能看明白这个题目的意思吗?你能独立尝试解决吗?

生:能!

——此为"放"。

林:你们一个简单的"能"字让我感受到你们信心满满。在同学们独立尝试之前,我给你们两条学习建议。1.请你用自己喜欢的方法写出思考过程,可以采用画图、列举、语言描述等方法;2.独立完成后在组内交流自己的观点,展示各自的表征策略。

——此为"收"。收中有步骤式引领,有目的性要求。

镜头二:呈现多种观点后的交流

林:每一组都上来把你们的想法写一写,有不同的可以再上来写。

——此为"放"。满满两黑板成果。

林:请你静静地把黑板上的几种方法都浏览一遍。你都能看懂吗?

生:都能。

林:你觉得这么多的解决策略有没有相同的地方?

……

林:他这种方法你们不认同,为什么?他的方法和这里的哪一种有点类似?区别在哪儿?

……

——此为"收"。看似繁花似锦,自有主线相连,抓"相同"揪"不同",就掐住了核心内容。

郑水忠:概念教学的多层概括

三角形的认识中,高的认识是个重难点。吴亚萍老师曾描述过关于三角形的高的教学环节,印象颇深。先朝着底画直线,无数条→有一类很特殊,经过了底边对面的顶点→过这个顶点画直线,又是无数条→有一条很特殊,与底边垂直。概念的建立可谓"千万次回眸方见伊人"。孩子的印象自然是深刻的,思想方法也蕴含其中。甚为新妙。

郑老师的课,关于三角形概念的多次概括设计,可用"拍案叫绝"形容。

第一次概括:每人画一个三角形后

郑:你们画的都是三角形吗?

生:是。

郑:全班同学画的这个图形会一模一样吗?

生:不会。

郑:既然都不一样,你凭什么说每个人画的都是三角形?

生1:因为都有三条边。

生2:因为都有三个角,三个顶点。

生3:因为都是三条边、三个角、三个顶点合起来的图形。

郑:原来,因为你们能确认同学画的图形都包含了三条边、三个角和三个顶点。其实我都不明白三条边、三个角、三个顶点在哪里,谁来指指?

……

郑:好,明白了,那我请出三条边(板贴),这是三角形吗?(没有首尾相连)

生:应该要封闭,要连起来的。

郑:封闭,连起来,数学上叫"围成"。(板书概念)

——追问,问出了三角形的特征。这是孩子心中的三角形概念。再抓住孩子描述中的漏洞,以反例完善概念。

第二次概括:寻找第三个顶点

郑:已经有一条水平的底,接下去画,第三个点在哪里?谁来指指?

生1:这里、这里、这里……都可以。

生2:只要不在那条线上。

生3:只要不在那条线上和那条线的边上。

郑：第三个顶点只要不在同一直线上就行。现在让你说说什么是三角形，你还可以怎么说？

生：只要三个点不在一条直线上，就能连成一个三角形。

—— 想象，抽象，生成全新的概念认知。

第三次概括：稳定性感知

郑：这有6根3组小棒。我取其中3根，围成一个三角形。你用另外3根，能围成和我不一样的三角形吗？

生：能！（上黑板围贴了一个不同方向的三角形）

郑：我们借助第三方验证。它和我这个三角形一模一样，和你这个三角形也——

生：一模一样。

郑：一样地，我们来搭一下平行四边形（两个一样的平行四边形）。你能把这个变得不一样吗？

郑：比较刚才两个实验，你发现三角形具有什么特点？

生：平行四边形易变形，而三角形有稳定性。

—— 从孩子信心十足的"能"到第三方验证后的认同，立足平行四边形的特性对三角形的概念再次做了补充。

邱学华：家常课堂的尝试推进

生于1935年的邱学华老师，以八十高龄"笑傲"讲堂。他的课没有课件，只有20张计算卡片；没有精妙环节，只有朴实推进。对于日常教学而言，其"三个问题学数学"的教学模式还是很有借鉴意义的。

第一问：咱们今天学什么？

邱：翻开书，看吧，今天学什么？咱们前面学了什么？前面为什么要学通分、约分？以后可能学什么？

学生基于看书、基于自身经验都能一一回答。

第二问：关于同分母分数加减法，你们已经学会了什么？

生：我知道分母不变，分子相加减就行。

邱：但数学需要做过才行。数学题目都来自生活实际。咱们班8个组，1个组扫地，就是八分之一扫地，3个组擦玻璃，就是八分之三擦玻璃，一共有多少人在打扫卫生？你会做吗？好好看书，看懂格式再做，做好了上来写。

做完这一题，又让孩子做了"做一做"里的6道题，孩子们都会做，又让他们看着卡片算，也都会算。

第三问：你们还有什么问题？

生1：计算结果是假分数的要化成带分数吗？

生2：为什么分母不变分子相加减？

生3：结果一定要约分吗？

生4：分数加减法的意义是什么？和整数一样吗？

不断问"还有吗"，催生了一个个精彩的问题。有的问题老师直接讲，有的问题自己看书找答案，有的问题糅合分数单位重点分析，有的问题举例说明。

最后，检测回顾。

这样的课，无疑是轻松的，也是有效的。

5月24日 | 叹课

最近，真应了任宁所说，成了"疯狂听课人"。基本上，上午半天关注自己的课堂和学生，中午开始外出听课、评课，午休10分钟都是奢望。但听评的过程里，收获是有的。尤其是这几日陪着宋煜阳、李蓉准备参评宁波名师的复习课，更是受益良多。

惊叹一：临阵上课的流畅高效

宋老师要执教的是《三角形》单元的复习课。前一天下午，我递交给他一叠前测卷，还一起听评了锦溪小学的两节课，第二天早上他便精彩地演绎了这一节复习课。李蓉也是。前一天中午还在犹豫不决是否要上《分数的意义和性质》单元的复习课。下午，她一做决定，我便发了校讯通，通知全组教师明日听评学习，不给她"后悔"的机会。第二天她流畅而清晰地将占据了课本整整40页的一个单元的知识进行了复习。

这样没有试教临阵而上，除了比赛课，我也上过三次。一是杭州执教《三角形》单元的复习课，但前期思考了一周；二是新城实验执教"比和比例"复习课，当时忙碌，带着思考就上了；三是班溪小学和徒弟同课异构，拿来就上。其余的，像"长方体的认识"，虽是前一天临时变更了设计，以全新流程上课，但前面已经厘清了学情，经历了不同设计的实践，已经不属于临阵上课了。而且，我每一次这样临阵执教公开课，都会出现上不完预设内容的状况。属于想的多，实际收效不达预期。仔细想来，我和他们最大的差距就在于对学习内容的撷取与整合。

惊叹二：紧贴学情的复习视角

《三角形》单元的复习课，2010年我在杭州求是小学上过，当时自我感觉倒是蛮好的。我留着当年的实录，两相比对，自感学情贴合度的天壤之别。

翻阅我的课堂实录，我比较满意的就是展开和练习的综合性思考设计。每一个游戏、每一个练习我都进行串合，定位于一题多练、一题多层。比如"猜猜这个等腰三角形按角分是什么三角形"的游戏，就分成六层展开：

1. 它是一个等腰三角形。这个角是20°。按角分，它是什么三角形？请独立思考，答案写在练习纸上。可用作图、计算等多种形式解释你猜测的理由。

2. 没人猜直角三角形，为什么？

3. 你为什么猜锐角或者钝角三角形？我们来看谜底。

4. 我能加一个字就让答案变成唯一，你行不行？（实物投影仪上加字）

5. 看来，如果你知道它是一个等腰三角形，你只需知道它的顶角或底角的度数，你就能确定三个角的度数。除了等腰三角形，还有没有一种三角形也是这样的，告诉你一个角的度数，你就知道它另外的角的度数了？（直角三角形）

6. 还有哪种三角形是只告诉你名称你就能知道它三个角的度数？（等边三角形、等腰直角三角形）

但宋老师的课走的不是这样的路径。他基本以学生前测内容为主展开设计：

1. 通过"画你认为有特色的三角形"活动，梳理三角形分类，加深对复合类三角形（如等腰直角三角形）特征的理解。

2. 通过"画三角形的高"活动，巩固三角形内部高的画法，进一步感知等底等高三角形，培养学生的空间观念。

3. 通过选三角形第三边和周长推算问题，进一步认识三角形三边关系。

基于这些目标，他设计了这样的前测题——请画出3个有特点的三角形，要求：标上必要的数据和字母，简单介绍这些三角形以及它们之间的关系。

宋老师高效利用了学生的作品（图略）：

汪登晖——画了 1 个锐角三角形（68°、86°、26°），1 个直角三角形（90°、45°、45°），1 个钝角三角形（125°、30°、25°）。

孙宁坤——画了 2 个锐角三角形，1 个直角三角形，没有标注角的度数，标注了所有的边、顶点，并总结了"三角形有三个顶点和三条边，三角形是由三条线段围成的"。

韩墨——锐角、钝角、直角三角形各 1 个，没有标注角的度数，却标出了每条边的长度是几厘米，并总结了"任何三角形都有 2 个锐角，三角形的内角和都是 180°"。

让孩子来表达，让孩子来补充，课堂也就不再是师生单向，而是自然地承转契合为师生之间的多向交流。

不过，我的孩子们也特棒。

7月26日 | 以更温柔的姿态

李振村,《当代教育家》总编辑,率先带来题为"教师的非专业素养"的讲座。他在学生时代一直是个数学成绩很差的孩子,但他却迷恋和欣赏成长途中的两位数学教师。这两位数学教师一个擅长吹拉弹唱,一个喜欢用扑克教数学。他之所以还能对成绩差的学科报以热情,对求学充满动力,离不开数学老师的智慧。

从孩子的角度去看,无论小学、中学,甚至高中,孩子心目中最喜欢某个教师很少是因为他的专业素养或科研能力。孩子最欣赏的教师品质是:微笑,友善的态度;公平,尊重每一个人;耐心;幽默风趣。

一系列的例子证明教师的非专业素养对于孩子的影响是巨大的。那么,强大的专业素养没有用?不是。非专业素养,能使专业素养以一种更温柔的姿态得以传递。

● "非专业"素养之一:故事素养。教师要学会用故事说话。

看来,要多和孩子讲故事。几年前,就见识过孩子们对故事的喜欢。王慧娟老师的品德课,孩子们特别期待。她总是有讲不完的法治故事,让孩子们听得完全入了迷。当时心里就有艳羡,可是数学课能有什么故事素材呢?所以羡慕归羡慕,行动上未有改变。

现在看来,是自己未用心罢了。

第一,要有故事储备:构建励志故事库、学科故事库、数学教学方法故事库。

第二,要有讲故事的能力。

第三,故事要点燃梦想。

第四,用故事的方式解决问题。

第五,用故事记录教育生活,展示教学成果。

第六,用"故事感"策划学校活动。

● "非专业"素养之二:体态语言素养。用你的身体说话,比如微笑,就是一种力量。

当然,教师最好还要有"大课程素养""情绪管理素养"和"娱乐素养"。时间关系,李老师一言带过。

下午两个讲座——严育洪《小学数学课堂教学中的"突围与开放"》;陈洪杰《谈立足细节的教学改进》。显然,下午的讲座内容偏向数学专业素养提升。

严育洪是位书生特级,专著数量达到22部,令人咂舌。他的语言系统也超乎常人的新鲜、高位,比如学生应该掌控学习,要从任"务"到任"人",关注"情感线"和"智慧线","沟通"更是"构通"等。

严老师通过具体课例,如"折线统计图"一课,进行了自己观点的表述。

他提出第一个问题:教材上没有的,是不是不能成为教学任务?由此引发"材力"和"学力"的问题,再进行分析。

第二问:教参上规定的,是不是只能成为教学任务?这个问题在各类评比活动时对设计者冲击最大。我们常常在比赛课时不敢逾越雷池,遵循教参要求可以说是头等大事,但研磨课就相对自由了。那么家常课堂呢?我自认还是比较"随意"的,我喜欢结合往年经验予以整合。"吃不下"时,分几个课时放缓脚步;"吃不饱"时,整合一下多给点。也就是多考虑"学力"。

第三问:让孩子带些什么走出课堂?这个问题是老生常谈了,但能坚持从这样的角度去思考课堂教学的人,就凤毛麟角了。带文化进课堂,带求知欲出课堂,都是不低的目标,或者说是一种向往。

当真是"学问学问,要学要问"。

每一次培训时,都会觉得自己又离向往的地方近了一步,但培训结束之后,又常有一种被抛回了原地的挫败感。培训多了,观点接触得也就多了。

专家要能带给我们冲击已经不是容易的事情了。"教是为了不教"的观点也已是左手摸右手一般熟悉。关键还是如何落地。

开始期待陈洪杰老师的讲座。

黑色数学,幽默导入,现场笑声迭起。

陈老师果然以一贯的课例细节切入主体,他的细节解读能力让人叹为观止。

以一个片段为例。

认识几分之一时,坐在他身边的学生涂 1/16,先旋转图片,再点着数,最后选择左上角涂上了颜色。这样的一个过程,别说老师看了没什么想法,孩子自己感觉不到自己的"独特"之处,即便如我已经知道这个细节陈老师要解读了,我事先还是解读不出什么!

答案呈现,他这样解读——

细节解读:旋转——判断是否平均分;点着数——确定分母;选择1份——确定分子;选择的1份位置不同——分数反映部分与整体的关系;涂色——分数建构完成。

教学跟进:你为什么要旋转?涂的地方不一样,为什么都是 1/16?分数和什么有关?

放大细节,会让操作有含金量,而不仅仅是热闹。

真真是细腻到了极致。

课例一个接一个,辅以他的文科素养,旁征博引,实在精彩。他将自己的系列文章放在自己的空间里,有时间我得好好去消化一下。

9月27日 | 五年级的第一关,小数乘法

确切地说,五年级已经快一个月了。

这学期,我到科研处帮忙,从跨段教学变成了只教一个班,日常教学任务轻了许多。

孩子们的变化,属于他们自然的变化,我林林总总地感受着。每天面对自己班上的48个孩子和乐乐这个也已经五年级的异班孩子,五年级孩子的模样就越发清晰独特了些。

孩子们的叛逆期似乎已经到来。乐乐在我面前已经充分演绎了,还自豪地叫嚣:"我要进入叛逆期了!"轻笑后想想,的确是有些得意的,因为与"你快要进入更年期了!"对比一下,青春的叛逆就弥足珍贵了。而48个孩子的叛逆期似乎还"远"着,不为别的,只因"子在母前"与"子在师前"的差异。

开学以来,虽然每日数学课很是有序,但数学课后我改完作业就忙于东奔西跑,导致"每日一题"这一必须我亲自批改认定的激励作业时常搁浅,还得再想想办法。

周五突然测试,检验的是孩子们真实的掌握水平。"五年级优秀分是85分了",乐乐已经在耳边念叨了好几遍。优秀分降5分是对五年级数学难度加大的配套评价。这次考上优秀的有32人,不及格2人。孩子们的错误集中在五道题目——

值得反思:

1. 利用小数乘法进行单位换算的练习量明显不足,需要补充。
2. 乘法结合律与乘法分配律再次混淆,还需要想办法夯实。
3. 数学书读得不够,要重视了。

4.与其说是忽略了"九月份"审题不细致,不如说孩子对"每户每天"这种连乘问题的结构不清晰,解决问题的能力需要进一步提升。

5.分段计费,学的时候已经学得不错;隔段时间测验就出错,说明没有真正理解,还需要多"分"。

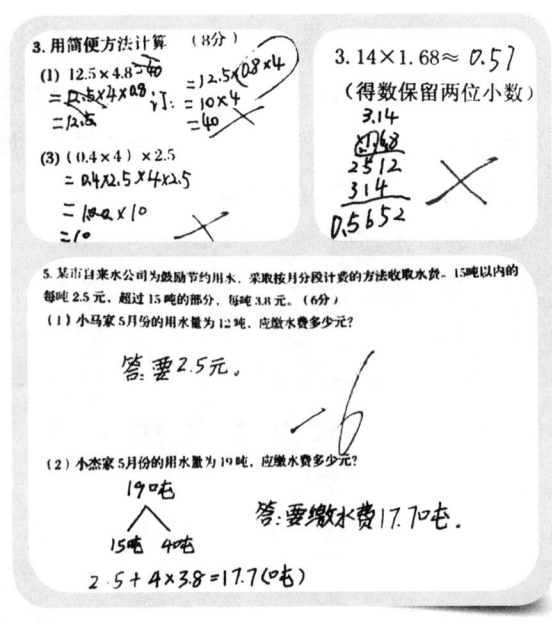

宝贝们,我反思了,明天该你们反思了。

倾听与反思
特级教师修炼日志

9月28日 | 愤愤不平

早上到校第一件事,制作第一单元试卷分析PPT,数学课在第三节,来得及。每次试卷分析都要耗时2—3节课,今天的作业课正好可以打个配合。

上课的时候,孩子们的表情大多有些沮丧。

尤其是对这一道错题愤愤不平。

天天超市一种苹果的价格是每千克7.98元,妈妈买了2.7千克苹果,应付( )元。

  A. 21.546元   B. 21.55元   C. 21.6元

"明明7.98×2.7就是等于21.546啊!"怎么就不能选A呢?

我说:"是啊,就是等于21.546啊!"

"那为什么给我们错啊!"霎时,孩子们就激动了!还有雀跃的,"呀,那我对了,我对了!"

"7.98×2.7就是等于21.546,但为什么还是错了呢?谁知道?"

顿时,安静。

舒珂莹率先举手,"付钱,只到分就可以了。"

于是,阵阵哀叹声冒了出来。

韩墨说:"白白辛苦我把它算出来了!"

应为说:"我没算,我是根据小数的位数直接判断了,可这也太坑人了。"

几乎异口同声:"为什么不提醒我们啊!"

"怎么能提醒啊?"多有趣的一群娃!

"就应该提醒我们啊!"再次异口同声。

养坏了!

"这样经历一次,总有收获的嘛。你有什么收获啊?"

10月15日 | 自我状态汇报

从上周到这周，人都没有安定过，培训再培训的状态。

10日，在江东李惠利小学参加特级教师带徒活动，做了题为"无限性如何引入"的报告；11号，上完课跑去进修学校参加了九点开始的奉化高端研修班开班仪式，随后奔赴万里国际学校聆听了陈庆宪老师的讲座。陈老师课例精细独到，很有启发；12日，唯一的休息日，上午自己去万里国际学校聆听了沈丹丹老师的讲座，下午赶到宁波外事学院聆听了复旦大学汪涌豪教授的讲座，原先并不期待的"经典阅读"讲座，却带给我极大的喜悦。我的精神被愉悦了，精神世界得到了润泽，那一刻的快乐很难用语言描述；13日，上完课跑去锦屏小学试教"工程问题"；14日，上午又去万里国际学校聆听林良富老师的讲座，下午回校上课；15日，赴北仑九峰小学送教"假设法解决问题（工程问题）"一课，我们的教学理念让北仑的老师"惊喜"了一下，课后反响较好，也得到了宁波教研员陈霞芬老师的肯定。

小结下来，10日和15日两节数学课未上，成"欠债"待还状态。

今天参与的宁波市送教活动，"工程问题"一课，重难点有三个：一是"假设法"窗户纸需要捅破，要让孩子想到用假设法来解决问题，这包括假设的两种方法，假设成具体量和假设成单位"1"，也包括利用了假设法就是将新知转化成了旧知；二是要理解为什么假设成不同的数据但结果都一样，这包括两种角度的理解，数据层面"商不变"的发现和线段图上"分率"的感知；三是构建工程问题的基本结构，将问题模型化，既包括题目表象的结构，也包括解答策略的结构。

这节课的亮点主要是四个：一是转化、假设数学思想方法的巧妙渗透；

二是问题模型结构的提炼抽象；三是线段图的直观支撑；四是练习设计迂回往复，深刻精炼。

我是在我们团队王优琴老师执教的基础上执教这节课的，她为这节课的打磨付出了最多的精力。从我个人角度而言，我主要思考设计了这两个让自己满意的环节：

1. 线段图的深度利用

当一个孩子介绍完他假设全长为 30 千米后，王优琴的处理是再叫一个孩子说说每一步的意思，然后她说："老师把他们说的用线段图表示。"她边说边自己一次性贴出三条已经完工的线段图，并标注"一队""3 千米"，"二队""2 千米"，"一队 + 二队""3+2=5 千米"。然后就是假设全长为 60 千米的孩子介绍，她再一次性标注"6 千米""4 千米""6+4=10 千米"。线段图的利用基本到此为止，看上去流畅快捷，但只带给孩子们一个模糊的直观感知。

我的处理，前面部分和王优琴一样。当一个孩子介绍完他假设全长为 30 千米后，我再叫一个孩子说说每一步的意思。但在第二个孩子说每一步的意思的时候，我配合板贴了 4 张小纸块"一队每天修的量""二队每天修的量""两队每天合修的量""合修时间"，将 4 步计算的意义给予了呈现。等孩子说完，我说："按他们的假设，这条道路就是 30 千米。"并同步板贴第一条线段图，随之问："那么一队每天修的量怎么表示？"我在线段图上已经用铅笔做了记号，所以当孩子回答"平均分成 10 份，一份就是 3 千米，就是一队每天修的量"时，我很快地用记号笔把线段平均分成了 10 份，并将一份涂红，注上了"3 千米"。后两条也是一样的教学步骤。只是第三条只分出了一格，并在"合修时间"旁边写上了"6 天"。这里缓步而行的平均分，为后面的分率感知做了充分的孕伏。接着，我直接呈现假设全长为 60 千米的式子，让孩子说说每一步的意思，重点问："现在一队每天修的 6 千米，是图上的哪一部分？"孩子们说："还是红色的那一段。"为什么呢？这时就已经有孩子说到了"因为'总'的是 10 天完成，所以都要平均分成 10 份"，也有孩子说到了就是全长的 1/10。二队的，合修的，就很快板书了。这里，就已经为最大难点的突破做了分层处理。

到了"为什么'总'是 6 天呢?"的环节,王优琴的处理是抓住"工作时间总是 10 天,不变",感觉比较单一,以教师讲解学生感悟为主,线段图作用不是很明显。我在处理这一段时,先是故意一次性书写综合算式,孩子们果然先从数据上发现了商不变的性质,我就问:"这样的'不变',你在线段图上发现了吗?"一个孩子上来指着说他看见的"不变",假设成 30 千米、60 千米……但一队每天修的"总"是红色这样的一段,二队也"总"是黄色的一段。第二个孩子上来说,"总"是 10 天,每天完成的"总"是这一段,"总"是 1/10。追问:"你们看到了 1/10?哪里看到的?"这个时候孩子看到的 1/10 是"平均分成 10 份,每份是 1/10",在直观基础上的理解已经到位。因为一开始就已经有孩子假设成单位"1",所以第二层次随着"合修时间为什么'总'是 6 天?谁还有自己的想法?"这个问题得到了落实。孩子说还可以把全长看作单位"1",一队每天修的就是全长的 1/10,我配合板书"1""1/10"并介入,当假设全长为"1"时,1/10 就是一队的工作效率。当我们假设全长为 30 千米的时候,一队每天修的 3 千米也是全长的 1/10;当我们假设全长为 60 千米的时候,一队每天修的 6 千米也是全长的 1/10……至此,全部打通,理解到位。

2. 模型建构关注"解题思路"

王优琴设计的第一板块练习,是三道并列式同数异形的工程问题。她先分道展示,然后零散追问分率的含义,到三题结束后,对孩子们说:"这三道题,除了给你们的数据是一样的,解题思路是一样的,还有什么是一样的?"孩子提到了"工作总量都不知道""都有两方合作",她补充了"都求工作时间"。

我也是分道展示,但没有零散追问分率的意义,而是呈现了线段图(如右图)。

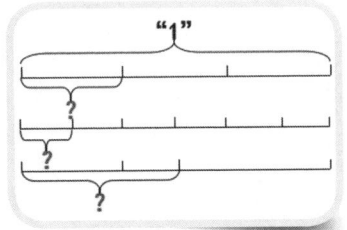

"都能用这个式子表示,那么都能用这幅线段图表示三道题的解题思路吗?"孩子

们说可以表示啊,那就一步步呈现问号,"这一部分表示什么意思?"然后第二个问号同桌说,最后的大家一起说。

这样就将三道题的解题思路打通了。然后再问"这三道题,除了给你们的数据是一样的,解题思路是一样的,还有什么是一样的?"完整提炼结构。

这两方面的处理,是我自己觉得比较满意的。课堂上,有的孩子还主动走上来指着说,而且都能说清楚,说明这样设计是可行的。

自我汇报完毕。

11月10日 | 有一种倍受宠爱的温暖

工作的确是好辛苦啊,但能浅笑浸润其中,有自我价值的存在感依附的原因,也有身边传递过来的带着宠爱的温暖把我紧紧包围的缘故。

今天一大早,就收到了建建老师的信息——《东南商报》上刊发的一则《爱上我的课堂》读后感的电子链接。师傅林特则在周六就给我电话恭喜此事了。

走到教室,我说:"今天陈老师外出,我要连上两节数学,陈老师的语文我上,第三节上英语。"

"耶!那第四节呢?"

"第四节是什么课就上什么课啊。"

"可是第四节也是陈老师的课呢!"

"哦,想起来了,好像是给你们上阅读课,别的老师会来的。"

"也上数学吧,刘老师,都上数学吧。"

"上数学,上数学!"

呀呀呀,小屁孩们是拍马屁吗?可这么一阵热喊,立马就把我融化了。

上课,用字母表示数,简写出错很多。之所以必须关注这些"$5a-4a$"类的简化,是因为它和解方程直接相关,现在能夯实的话,难点就分散了。

字母,在孩子眼中是多奇怪的东西。用孩子的话说就是"明明正方形边长是 a,到底多长不知道,还要求它的周长,那 $4a$ 也是不知道啊,求着干吗用呢?"这问题是孩子真的问题,知识经验都是"回答问题"的结果指向,的确很难理解这样"不知道来不知道去"到底是要干什么。所以,孩子需要一再体会用字母表示数量关系的作用和重要性。

例题分析，表达观点，随后练习一题，分析一题，比较轻松愉快。

两课结束，批改作业。现在该反思周五执教的"圆的面积"了。

那天我作为执教者第一个自我陈述，我第一句就是："今天的课，我自己的感觉不是很好。"师傅立马截了话："凡事一定要先说好的地方，可以让人学习的地方，设计时独特的地方。"谆谆教诲，课的目的在于研讨，设计者的确应该先表达自己的设计意图，然后聆听其他人的建议。

对这节课，设计的时候，我主要突出了两点：

1. 立足已有面积推导经验，引学生自主确定探究思路

圆面积的"形式"与学生之前接触的直线图形的"形式"太过"不同"，学生原有转化经验里没有圆面积推导所需的"图形割补"经验。平面直线图形面积推导过程中积累形成的割补拼接经验似乎与圆面积推导所需经验出现了"断层"。但我在设计的时候，还是觉得应该关注学生已有的面积推导经验，并从"拟定探究步骤"的角度进行了合理有效的利用。先回顾平行四边形、三角形、梯形面积的推导过程，激活"割补法""转化""倍拼法"这些经验；其次，让学生思考"如今推导圆的面积你打算怎么做"，让学生明晰"将圆转化成学过的图形""用割补法推导"的基本探究思路。

学生经历了这样的学习过程，所有的平面图形面积推导经验就能被打通，脑海中就有了一条通彻的面积推导路径，积累了更高层次的面积探究经验，将助益于其他知识的探究。

2. 依借学路学情展开探究，促学生理解极限拓展思考

通过前测，发现学生都选择用割补法将圆分割。因此，设计时我就决定利用学情资源让学生读懂同伴的"分割方案"，助学生一步步经历面积推导过程。在引导学生形成"将圆转化成已知图形推导面积"这一基本探究思路后，按先"割"后"补"的顺序展开面积推导，并让学生在"割"的过程中"推想"，在"补"的过程中"见证"，逐步感悟极限逼近。

然而，课执教完，40分钟时间是正好，环节也一一落实，可我就是感觉自己在课堂上没有找到一种很好的"贴合度"，有点走设计。这和我周四上午试

教修改周五上课有些匆忙,有很大的关系,但以往更仓促的时候也有,为什么这次有些"圆滑"地浮于学生上层?想来周四试教后,自己竟有些"自负"了,潜意识下可能觉得"材料都未曾准备充分,第一次完整试教就挺好",也就没怎么把一些细节修改放在心上。结果,真的上课时,一些小细节在大脑里撞了车,只好更多地关注自己的流畅度了。于是,成就了一堂表面很难挑刺,说不出什么地方有问题,但自我感觉不舒服的课。

第一次执教"圆的面积","割补法"成了"割圆术",直接从分成"无数个三角形"为主例题展开,执教感觉不错。第二次在宋老师的指导和建议下,改为分成明显的两步"割"和"补","割"成"无数个三角形",不提"补",要学生"补"的时候,直接给材料,这样"不得不补"。后来,我因父病临阵退课,司徒丽波则对此方案做了更好的演绎。这次的设计重点就是突破"割的时候脑中有补",因此"割圆术"无法再呈现,直接以"补"逼近"长方形"。设计还是很有我们自己的想法的。

宋老师当晚就来电交流,肯定课不错,也认为我们自己的想法是有道理的,并觉得此课绝对有向外推广的价值。他定是感觉到我的小沮丧,所以细心地来给予我鼓励。林特作为奉化高端班师傅,当天时间安排紧张,没说什么,第二天特地来了电话,肯定了我的课堂感觉和互动时清晰的表达。打开网络研修,徒弟们畅所欲言,有肯定,有建议,彰显着的是令我们欣喜的学术姿态。

都这么关心和鼓励,怎么办好呢?

一种倍受宠爱的温暖。

11月24日 | 儿童的想象力

北师大,以其深厚的底蕴迎接了我这个肤浅的女子。

一大早,开班仪式,很简短。沈致隆教授就开始了题为"漫谈科学与艺术的联系和交融"的讲座。他一次次问:"这个人,认识吗?这幅作品,认识吗?"我无言以对。

福楼拜曾说"越向前走,艺术越来越科学化,科学越来越艺术化,科学与文化在山脚下分手,在山顶上又汇合";钱学森曾说"一个有科学创新能力的人不但要有科学知识,还要有文化艺术修养";爱因斯坦曾说"没有早年接受的音乐教育,无论哪方面我都将一事无成"。

看来,要成为一名创新型人才,艺术的修炼是必不可少的了。我去学个什么好呢?笛子?钢琴?舞蹈?二胡?钱学森最爱贝多芬,爱因斯坦最爱莫扎特。或许,操作学不会,可以学赏析。

在一贯的印象里,科学与艺术,一者严谨,一者自由,分明是分处两端的物事。但如今,文理不分科,学通识,培养复合型人才,已经是一种趋势。不久的将来,每个孩子都会有自己的艺术档案。艺术,不再是专业,不再是一种特长,不再是一种"加分"道具,它将逐渐成为一个人幸福生活的必要伙伴,成为一种人人必学的"公共学科"。

能"判天地之美",方能"析万物之理"。庄子千年前的叮嘱,此时方在耳边隆响。

沈教授说:"小学阶段是艺术想象力最旺盛的时候,越往上越少。"所以,小学教师身负着激扬儿童想象力的重要职责。想象力的培养,就是创新力的培养。诺贝尔物理学奖获得者丁肇中说:"得诺贝尔奖并不难,别人说是你说否,别人说已知,你说未知,别人说应该一个接一个地做,你说应该捆在一块做。总之与别人相反,你就可能得诺贝尔奖。"艺术激发创新,创新就是要与众不同,就是要会质疑,就是要会发现问题。

立足自身角色反省,我,作为一名教师、一个母亲,我允许孩子对我说"否"了吗?当我觉得自己的想法是对的时候,我允许孩子质疑否定吗?

更多的时候,是"扼杀"吧?

很多时候,舒际乐都会跟我有不同的看法。有时,我会听得开怀大笑,喜悦他的"奇特想法",发个"说说"留念。比如前几天,外婆埋怨乐挑食,乐说:"人类要是不用吃东西就好了,那就没这个困扰了。"外婆说:"人怎么可能不吃东西呢?不吃还不死掉啊?""将来科学技术发达了,也许只要输入一点能量就可以了。吃饭,不仅浪费时间,还要浪费大量水资源去处理排泄物。""你读书读成书呆子了,不吃不拉,那还是人啊?!"我在一旁听,没发表什么意见,觉得是儿童看了科幻片后的臆想,甚至是一种面对挑食斥责的狡辩。谁知,隔了两天,我在报上看了"互联网大会"的相关报道,其中"长生不老""不会生病"等竟成了大会主题词。"不吃东西"真的可能?这种时机,我该多撷取其中的"想象"而给予鼓励和肯定。下次,我就应该问他"你觉得怎么设计'能量'?"

为人处世,尽可能与人为善,要随和。但看事看物,则应极尽可能给予孩子们空间,任其想象,任其表达,任其质疑。

想象力比知识更重要。

不由思及我现在一直在实践改进的探究作业,其中鼓励的也是想象力和思考力。孩子们想到的,我常常想不到。那么,在某种意义上,这样的作业给予孩子们的就不仅仅是知识的巩固和拓展,更是想象力的精心培育。立马,觉得自己的研究更有意义了。

艺术,不必非是琴棋书画。我虽不懂艺术,也不必过于自卑于自己艺术细胞的匮乏。但我必须修正认识,打开尘封的门,努力让艺术来美化我的情绪、我的生活。教育的艺术、培育孩子们想象力的艺术,亟待我去追寻。

倾听与反思
特级教师修炼日志

11月25日 ｜ 我的分享，你收获了吗

北师大培训进入第二天，海量讯息汹涌而至。我按"例"坐到了第一排插座旁。难得缘见，不想自己分神、打瞌睡。但我的记录却越来越少，感觉静静听着更有意思。拍照记录，瞬时联想，应该会更有收获。或许，潜意识里觉得，大量资讯袭来时安静的文字记录再多，没了具体事例的支撑，他日也难再有共鸣。所以，更想分享的，是做法。

怎么开座谈会

我们现在经常做课题。做课题，就会遇到"调查研究"这档子事儿。我就做过关于错题心理方面的学生座谈会。但是，基本是胡编乱造一些数据。

胡新懿，特级教师，教育部课程改革专家组成员，国家教育行政学院特聘教授。他说："每到一个地方考察、调研，要开学生座谈会或教师座谈会。"

例：召开高中学生座谈会。

提出问题：1.你最喜欢的学科是哪一科？简述理由。2.你学习最困难的学科是哪科？简述理由。3.你现在的学习需求是什么？希望老师给予你什么帮助？你的需求告诉老师了吗？4.谈谈你的人生规划，高中三年你为你的规划做了哪些事？

原则：要求学生说真话。

参与对象：每班3名，共21名学生参与座谈。学生中含各种学习层次的，其中12名为班干部。

座谈方式：围坐。问一个问题，讨论一会儿，再问下一个。

座谈结果分析

关于第一个问题：三类，22条理由。

1. 老师因素。

2. 个人因素。成绩好，成绩一直很好；容易学；母亲是数学老师；想当律师；喜欢旅游。

3. 学科因素。学科重要，能锻炼头脑，能表情达意等。

关于第二个问题：三类，29条理由。

1. 老师因素。不喜欢老师；老师讲太差；看到老师就烦，讲得不好还不停地讲。

2. 个人因素。成绩太差、记不住、听不懂、不感兴趣等。

3. 学科因素。太难、枯燥等。

关于第三个问题：27条。摘录其中14条。（关注学习需求，是教育发展的必然）

1. 给学生更多的自主学习时间；2. 课堂气氛要调动；3. 让学生多交流；4. 每段学习要给出计划，结合教师的计划让学生做出适合自己的复习计划；5. 有的课，枯燥，想睡觉；6. 练习太多了，做不完，很烦，希望老师能精选一些；7. 每个学生薄弱的地方不同，学习需求不同，希望自己学习的时间多一些；8. 不能以成绩论成败，每个人都需要被尊重；9. 老师要放下架子，有些老师好像上辈子跟学生有仇，要好好说话；10. 课上老师讲40分钟，课下布置的作业要做1个多小时，学生还有自己的时间吗？11. 请尊重我们，上课不要接电话；12. 要关怀、鼓励学生，让每个学生感到温暖，学生会更努力；13. 不要只看重考试成绩，考试后，有的老师念完前十名再念后十名，请照顾我们的感受；14. 师生下课后应该是朋友关系，不要一下课就走，学生找不到老师，有不懂的问题没地方去问。

关于第四个问题：学生都非常茫然。

我打下这么多字，不仅仅是因为座谈会的操作模式值得借鉴，更是因为孩子们的"学习需求"深深打动了我。当我们对学生的"学习需求"茫然，当学生对自己的"人生规划"陌生时,无论他们成绩如何,都必然存在教育缺失。我们现在备课,都说要先备学生。我们备的是已有的知识经验,并不备他们的"学习需求"。就如教授所言:"孩子的14条需求,没有一条是错的。每一条做到了,就是素质教育,就是以人为本。"对比一下,颇为汗颜。

例:召开小学五年级学生座谈会。

提出问题:1.你认为学校需要改进的工作是什么?2.有问题要问我吗?

参与对象:每班3名,共15名学生参与座谈。

座谈方式:围坐。先在纸上写下来,再一起交流。

考虑到小学生的个性特点,他们比较容易受别人影响,所以先写,后说。学生的回答非常有趣。

第一个问题:老师,我反感老师加分。多数学生反感加分,觉得这种做法太低级了。每个教学环节结束,给各组加分。学生公开地分分必争,斤斤计较。

第二个问题:学习差的学生总是不参加讨论怎么办?我们小组七个人,经常有人轮不到一遍,怎么办?

孩子的回答和提问的确相当有意思。他们的"反感",竟然是有强大"依据"的——联合国教科文组织提出,年轻时不要鼓励竞争,要加强合作。我们也需要远离"小红花"式的加分,应该去反复强调知识本身就是最好的奖品。

小组合作怎么做细

我们现在都讲合作学习,但课堂上的小组交流,到底有多少效益?小组合作交流,该如何做细做好?

国际研究表明,小组合作学习最多4个人。假设是4个人一组,小组讨论,要有规则。讨论第一个问题,1号先说,然后2号、3号、4号说。讨论第二个问题,2号先说,然后3号、4号、1号。

到处都在讲合作学习,但是似乎没有人去认真研究,合作学习往往是课堂的点缀,没有规矩,没有规则。因为没有好好研究,导致小组合作这么一件高级的事,演变得毫无意义。规则意识,是合作学习的重点。几个人,轮流发言,人人机会均等,弱的孩子慢慢也就被带起来了。

在规则意识不强的班级里,会有这样的孩子:合作学习一开始,他就举手了;讨论时他一言不发,整个小组交流混乱;交流汇报的时候,他高高举手,发言精彩。这样的孩子,本是推动小组学习的重要力量,如果此时不加引导,就其回答予以肯定,那么,真正的合作教育就流失了。

我的班上也有这样的孩子。面对孩子执着高举的小手,我也会给他发言的机会。这就又走回了只看结果的老路。我应该大力肯定其他组的践行规则,肯定其他组的合作意识。评价就是导向。当评价不再倾向最终结果时,合作分享的理念才能慢慢走入孩子内心。

生涯规划意识,你有吗

生涯规划,我们一贯不够重视,最多是谈谈"我的理想""我的梦想"。甚至有的孩子会把高考成功作为终极理想。这是不道德的。现在的中国,上大学更多反映的是人的文化水平的提高,我们不能再赋予其更多的内容。上大学应该成为每个青年要做的一件事。

而激发孩子规划自己的人生,对自己高要求才是成就孩子一生的根本。"聪明不是那么重要,品格远比学习成绩重要,正派、得体远比考试得高分重要。我更关注的是一个孩子十年后能用得着的素质。"

要让学生成为会规划人生的人。让学生早点懂得:我是谁?我要去哪儿?我怎样到达那儿?比如,可以每学期让孩子制订"本学期班级发展计划"和"本学期个人发展计划"。

社团,可以这样去尝试吗

学生社团,全国开花,但是基本都是以教师的才艺来设计课程的。如果你这个老师才艺不多,那就不带社团。但北京十一学校就做得不一样。

举个例子。比如有 3 个学生有共同的喜好，想成立某某社团，就可以向学校提交报告。学校通过了，那学生们就拥有了每周 1 小时的爱好者活动时间，就可以自己写海报，招募团员，自己做自己社团的 CEO。期末，本团学员要对社团工作进行评定。学校进行公示，没达到一星级的要关门整顿。那这 3 个 CEO 就要整顿，要写反思报告，关门可以缓期执行 2 个月。如果 2 个月后仍然评价很低，就彻底关门。

这样的 3 个孩子经历过这样的过程，得到的是什么？这真的无法描述。

我记得乐乐四年级时，有一天非常兴奋地和我说，他组建了昆虫小队。组员都跟着他研究昆虫，他教他们怎么饲养。有的时候，我会看见一群小男孩围绕着他，站在草丛边、钻进树丛里。如果有这样一个平台，他一定会无比快乐地绘制他的昆虫小队招揽海报吧？我的班上有几个男孩子特别痴迷科技制作，他们也一定有能力组建自己的兴趣小队。

向 35 分钟要质量，你行吗

"向 45 分钟要质量？不可能。"项贤明博士，中国人民大学教育学院教授、博士生导师的话，直直就劈了过来。我们一直在说"向 35 分钟要质量"，那不成了大废话？

然而"哪个科学家是靠课堂 45 分钟成就的？课堂，最多只能激发乐趣，真正的研究都是课后去鼓捣"这句话，又甚觉有理。

调动孩子，是最重要的。

多元课程，代表着什么

美国的高中生学"儿童发展与教育"，你怎么想？也许有人会想，他们还在读高中，生孩子、教育孩子，需要现在学习吗？但美国人认为，高中毕业，各方面都该成熟了，必须要了解"孩子不是你的私有财产，那是我们美利坚合众国的未来"。

如果一个高中生，他在高二学完了高中的所有数学课程。美国人会这样做：那我教你大学数学。你修的这个学分，去大学里也是通用的。如果这个学校自己没能力教，会送你去其他学院学。我们呢？"再复习复习，正好冲刺高考啊。"

他们的私立初中，会有长达100多页的选课说明书。一门课根据兴趣点的差异可以衍生出十几门课程，让不同层次的人尽情发展。

今天，我谈不上重新理解教育，但是，我知道了教育绝不是一部分人改造另一部分人。无论是"灌输式"还是"启发式"，知识的获得过程其实从来都是充满创造性的。创新教育，必须给学生留出创造的空间。心下再次欣慰自己求索了多年的探究作业，给予了孩子们创造的空间。正如项教授所言，改革，也许你能力有限，但你可以坚守自己的职业良心。

20
年
15

1月25日 | 旁听宁波基础教育成果奖答辩会

早上，5:50的闹钟，6:30赶到进修学校坐车赶往宁波旁听第九届宁波基础教育成果奖答辩会。同车的卓超波、李维勇、卓旭皓老师是为他们的作文课题去答辩，他们颇有些压力，一路上出谋划策，相互建议。想着等会儿能欣赏他们答辩的风采，没想到，最终他们是在文科4楼。我就一个人去了理科3楼。

理科共有9个课题。举目四望，无人相识。答辩的老师，先综述10分钟，再答辩5分钟。既然抱着学习的心态来了，那就做好记录的工作，积累一点经验。

第一个答辩的是来自教研室的老师，课题为"构建研训行三位一体的教研工作新模式"，为全宁波教研员代言。

呈现的成果大多是我们一线很熟悉的教研室推出的疑难问题、教学论文汇集成的各学科的47本书册，以及100多节录像课。课件展示以框架图为主，书册则采用了现场出示个例的方式。

随后开始5分钟答辩。

问：教学疑难问题那么多，你们都是以项目来推进的，那么形成过程中你们是如何推进的？

答：先是去一线调查，再梳理，发现最难的问题做成项目。

问：模式都比较固定，你们一直是研训行？

答：其实是一个循环。

问：这是整个教研系统的课题，你能不能呈现其他学科的典型课例？

答：小学科学，探究生命教学。

第二位是来自海曙的老师,课题名为"优化初中科学实验教学的区域行动研究"。

主要成果是实验手册和实验教具的编制和获奖;实验调查报告、论文汇编成册,省内外讲座、公开课68人次;国家级专利获奖几十项。强悍啊。

问:你们的实验教学规定动作和选修动作各做了多少?

答:没有选修。

问:在学生学习方式上做了什么?

答:调研发现教学方式陈旧,该项研究开启后,先是要求开足实验课,再要求从观察实验变成探究实验。分组实验,甚至七八十个学生也分组。

问:七八十个?

答:我说的是做得最好的海外,我查了他们的记录册,真的做得非常好。

第三个课题是来自江北的"以项目为载体,区域推进小班化教学的实践探究"。

小班化教学,也有创新之处?不就是学生少了,能更关注个体了吗?随后呈现的主要成果是以江北教育为平台发起的研修活动,以及各种教学成果,如小学、中学的学具制作等等。感觉课题有点取巧。

问:小班化成果很多,我也很羡慕,很想小班化,你们成本核算了吗?

答:这是政策层面的。

问:江北民工子女挺多,你们怎么协调?

答:我们只在7个定点学校实行。

问:你所理解的小班化,到底有什么特色?举例。

答:关注每一个孩子。快的孩子已经做好了,慢的就比较慢,就需要老师关注。

问:你做的这些事情,推行到中、大班,可行性如何?

答:基本是可行的,这是我们的二度推进方向。

问:你说项目推进,哪些项目?

答:江花小学活力厨房。

第四位来自江北广庭幼儿园,课题为"幼儿园安全课程的实践探究"。上去了两位老师,一个负责读说,一个对照文稿负责点击课件,这倒挺好。主要成果是安全教育手册、安全活动和安全游戏。答辩也是两个人一起回答,互相补充。

问:安全教育相当重要,儿童的积极探究性、好奇心要保全。

答:是的。

问:在活动中接受教育最重要。你们如何关注这一点?毕竟安全问题不是理论问题,是实践问题。

答:游戏,演练,安全村体验。

问:幼儿园安全的核心是什么?

答:意识。保护自己。

问:幼儿式自救自护,缺乏预知性。开展教育是没有用的,需要后果体验。

答:对,我们就是这样去做的,比如模拟情景。

问:你们那个安全手册有什么用?

答:孩子可以翻看,我们也系统地安排活动。

问:五大领域和具体教研课程之间,具体如何联系?

答:比如小班红绿灯主题,那就有语言领域的表达、美术领域的绘画等。

第五个课题来自镇海中学,题为"物理教学中培养学生创新素养的研究"。老师说他们的创新课程目标是培养科学院士,创新班的学生基本入北大清华。底下幽幽一阵轻叹,基本是感慨子女无缘得进此校。

问:高中物理是统一课程,创新课程如何处理这个矛盾?

答:能入创新选修课的孩子,他在必修课中学习是浪费。不存在矛盾。

问:你这样框定的创新教育,能培养诺奖吗?

答:我们从模式走向非模式,逐步强化,形成好的创新意识和创新能力。

问:我请过诺奖的物理学奖获得者,他说过,偏离正轨才能创新。

答:我们高中只是一个接力棒。

问:高中学业那么紧张,你们那么多的课程设计,不是有矛盾了吗?有限的时间,你觉得哪些课程最有效?

答:创新个性品质、创新意识和创新能力的培养。

第六个课题是来自慈吉中学的"基于能力培养目标的四类实验研究"。又是物理,也讲实验。

问:你都按部就班设计好了,那学生呢?

答:先尝试,出错也没关系,然后在学习中自悟。

问:重视能力培养,70年代偏重行为,90年代重视整体意识。你们是哪种呢?

答:应该偏后者吧。

问:教材是知识划分,你是能力划分,你怎么处理?

答:按教材时间来,但培养上分阶段。

第七个课题又是科学领域。主要是弥补小学一二年级没有开设科学课的断层。挺好的点,我看英语也可以尝试了。

问:课时怎么安排?

答:每周一节。

问:"快乐科学"是综合学科,你们关注哪些课程?

答:以小学科学为主。主要用于培养兴趣。

第八个课题是来自宁海中心幼儿园的"幼儿园儿童剧编演的实践与研究"。

听了成果介绍,感叹凡是与课题相关的讲座、上课、活动、交流等照片,都要留存好。

问:儿童剧,对个性品质教育的价值在哪里?

答:举个例子。有个胆小的孩子,通过表演,一步步成长。多渠道参与,更能发现自身价值。

最后一个是来自象山机关幼儿园的题为"幼儿园开展'玩美术'的实践"的课题。

问:你们的做法很丰富,但能否用几句话提炼一下玩的背后你们的主要思路?

答：亲子共玩，玩用合一。

问：所有幼儿园都是以玩为主的，你们要有自己的课题研究过程中跟一般的玩不一样的几条想法，你们试图体现什么想法？你们现在更多呈现的是你们是怎么做的。

答：（略）。

答辩结束。

很遗憾，一个数学课题都没有听到，更不用说小学数学了，涉及小学的也就一个"快乐科学"。是小学，小学数学，难出成果吗？看着陈述者呈现的成果，动不动就是国家级专利、省级一等奖，或者出版了几本研究文集。想想也是醉了，自己手上的课题真是难以与之匹敌啊。

陈述的时候，并不要求将课题研究思路具体展开，主要是提炼出研究的思路，将研究成果生动地呈现，图片展示很重要，越多越有现场震撼力。是出版社出版的还是自己印制的，看得并不清楚。

总的来说，课题最重视实际成果和推广价值，以及表达清楚你不同于他人的地方。

1月26日｜羊年寒假501班数学作业超市开张啦

今天，将《作业超市单》下发了。孩子们又是兴奋地凑在一起，分析、琢磨、选择。特别喜欢看他们开心的样子，顺带接收他们一堆暖乎乎的恭维。

2015羊年寒假501班数学作业超市

亲爱的宝贝们，爸爸妈妈们：

羊年寒假即将到来，数学作业超市也将开张"营业"了。请你们家庭协商选择"商品"，起码选购两种作业。虽说选购数量"上不封顶"，但休息、活动也很重要。

一号商品：完成《寒假作业本》中余下的所有数学作业，并要求批改和订正。

（温馨留言：没有反馈的作业是无效的，如果选择了这个作业，家长就需要辛苦地及时反馈）

二号商品：400字以上的数学日记1篇。

（温馨留言：要求电子稿发送到6763560@qq.com。我会帮忙修改投稿数学报哦）

三号商品：三阶魔方研究记录作业1份。（8开纸制作）

内容包括：1. 准备开学的魔方大赛。

2. 测量长、宽、高数据，计算6个面的总面积。

3. 研究涂色特点，比如两面涂色的有几块，分布在哪里？三面涂色的呢？……

（温馨留言：一开学就要举行魔方比赛，即使不选这个作业，也要练习练习哦）

四号商品：制作一张错题卡。（8开纸制作）

内容包括：1. 本学期自己的错题摘录。

2. 研究总结自己的犯错特点。

3. 规划自己的少出错练习计划。

（温馨留言：可以是五年级上下册知识学习过程中出现的错题）

五号商品：探究作业——我对分数的研究。（8开纸制作）

六号商品：数学绘本创作。（题目自拟，格式自定）

（温馨留言：既然是创作，就要有一定的页数，要有一定的创意，蕴含数学知识或道理）

我们家庭协商决定选择（　　　）号和（　　　）号数学作业。

希望你们愉快地为自己的选择而努力！

践行人签字：＿＿＿＿　　爸爸妈妈签字：＿＿＿＿

3月25日 | 一步一步，才至通达

早上第一节数学课是练习课。目标是分析三道错题再做几道习题。三道错题请了4位小老师来分析，分别是周子扬、方嘉颖、张津凯和应为。小周老师分析选择题，其中一道题目是"长方体的高增加3米就成了正方体，表面积增加120平方米，求原来长方体的长"。这类题比较深、难，小周老师自顾自讲了一遍，底下一片懵懂眼神。于是，我悄悄对他说："问一下大家，听懂了吗？谁再来说说？"戴家辉就被指名分析了。家辉自己的思路比较清晰，但一问"现在懂了的同学请举手"，稀稀拉拉，只有6个人举手，其中有几个还是本来就懂的。吴嘉林被要求再做分析。她说："表面积增加120平方米，其实是增加了前后左右四个面……"我开始介入："她这句话是什么意思？谁明白？"我马上画草图，指认分析，直到几乎人人举手表示听懂了这句话的意思，再让她往下说。

等全部分析完，很多孩子发出了"哦，我现在懂了"的轻叹。是的，"有时候你们听不懂小老师的分析，却能听懂老师的分析，就是因为老师没有一直连续地自己讲，而是分成一步一步慢慢讲，还借助草图帮助理解，你们才真正懂了。"

我是想以此告诉孩子，自己分析一道题目，要一步一步理解题目的意思，可以画草图帮助自己分析。也同时指点小老师们，要让别人听懂，必须分成几步来讲，讲清楚一环可以问问"你能听懂吗？有问题吗？"懂了再往下讲，要有"听众意识"，画图、做动作都是理解问题的帮手，互动、同桌讨论，都是拉着大家动脑筋的办法。

方嘉颖分析判断题，当大家对"12平方米比9立方米大，是错误的，因为无法比较"全部认同的时候，汪登晖提出了自己的看法。

汪登晖：我虽然赞同这道题目的结论，但我认为两者还是可以比较的。因为1平方米是边长1米的正方形，而1立方米就是6个这样的正方形围起来。

方嘉颖：6个面围起来，指的是立方体的什么？

汪登晖：表面积。

方嘉颖：表面积和1平方米的面积，自然是可以比较的，但体积是整个的大小，并不是表面积。

我还是第一次听到这样的想法。其实，汪登晖的想法正好切中孩子从二维到三维感知的难点。孩子们这样粗粗地理解，也挺好。但有些问题可以借此机会加深理解，我随即问道："这张数学报，它是长方形还是长方体？是长方体，它的长、宽、高在哪里？我们看见的最大的长方形的面在哪里？"指一指，摸一摸，报纸就"立体"起来了。最后，大家一起用掌声感谢汪登晖，他提出的问题给我们带来了新的思考。质疑的前提，一定是认真倾听和独立思考。

解决问题相对简单，张津凯和应为都关注了"单位陷阱"的引导。

下课铃就这样响了起来。想好的完成几道习题的目标呢？

好吧，随性"舒展"的感觉战胜了我的计划。

回到办公室，发现新一期的《小学教学设计》到了。一翻开，就是林特关于数学思维的一篇文章。其中有个例题，讲到了我们在学的《观察物体》一单元的难点。根据立体图形画透视草图，虽然也不容易，但是绝大部分孩子还是能掌握。但是根据不同角度观察到的平面图推想一个由多个立体图形构成的大立体图形，那真是全凭空间想象，难度极大。

一直以来，我都是让孩子摆一摆、想一想，五年级的孩子借助操作慢慢就有了这想象的能力。但是，很遗憾，我从来都没有帮孩子们归纳过想的步骤，没有清晰地概括过一步一步怎么去思考。于是，看到"先由上、下面看到的平面图确定底层的个数，再在侧面看到的平面图中去除底层的个数，进行想象和计算"的步骤，很是惊喜。教了这么多年，现在心中才有了一步一步清晰的想象操作方式，很是汗颜。

4月4日 | 再次论坛

这是我第二次参加论坛活动。这次,我选择了自己平日在做的研究。不再是背,而是利用课件缓缓讲述,自己感觉进步挺大。

我这次发言的题目是"做更好的自己——和孩子们一起求索作业的'生长力'"。全稿如下。

说起"作业",我们真是再熟悉不过了。"布置作业""检查作业""批改作业""检查订正"简直就是课堂教学之外师生交流的主心轴。这些年,我在自己的一亩三分地里执着地关注"作业"问题,我和孩子们都感受着作业研究带给我们的勃勃的"生长力"。你或许会很奇怪,数学作业通常整齐划一,只是课堂的延伸,它也具有"生长力"?它也能推动师生的成长?

我的回答是——当然能。接下来,我将从两个维度阐述师生在求索作业"生长力"过程中的思考与收获。

一、以作业改革为起点,求索作业的"生长力"

不认真思考作业问题,作业就会成为师生之间最大的问题。在多年实践中,我逐步减少了批量作业的布置,运行了分层作业,践行了探究作业。

1. 批量式作业的缩减——儿童"选择"能力的培养

批量作业要减少,就必须做一个删选。有"选择"必有"辨析",有"辨析"必有"思考"。所以,我常常给予孩子们作业的选择权,重视让孩子体验选择的过程。

练习"选"精

孩子们手上的批量作业,通常有好几种。期初,我会组织一次关于作业本选择的谈话，尽管本意是我想减少批量作业，但我要让孩子感觉这是他们选择和努力的结果，并约定作业认真度要提高。每年的期末复习阶段，尤其是总复习阶段，我和孩子们会面临更大的选择。我们坚持不增加作业量，各类练习卷我们只选几道练练。但这一"选"是花了大工夫的。除了我自己要选择，班级学有余力的孩子也要帮忙筛选好题。只有最终应试成功，删选才能更有底气。

长假"择"项

寒暑假长假，我一般会通过开张作业超市的方式，设计除作业本外更贴合不同孩子兴趣的作业，给予孩子选择的权利。选项中比较固定的是绘本作业，就是让孩子用绘本的形式将某个块面的知识点进行表达，这对于中高段学生是非常有意义的。

2. 分层式作业的运转 —— 儿童"自我"意识的强化

分层式作业则主要培养孩子的自我管理能力和团队协作能力。分两个层面，每日"一"作业和小组"周"作业。

每日"一"作业

即每天中午，给孩子们留"每日一算"和"每日一题"。"每日一算"就是两道计算题，注重基础的巩固。如果连续一周没有出现计算错误，可免下一周的"每日一算"。"每日一题"则略有拔高，可做可不做。解答成功的前20名可以光荣上榜，孩子们十分在乎。孩子一旦通过作业的解答产生满足、快乐、自豪等积极的情绪体验，就会生成"好了还要更好"的自我激励和自我要求。

小组"周"作业

"计算接力本"，固定每周三早上上交，是4人小组一本，组内每个人出一道计算题指定给一个同学做。要针对这个同学的能力精心出题，对方计算后还要批改或点评。"难题接力本"也是如此，就是出一道你觉得学习中比较难的题目指定给一个同学做，也要批改和点评，每周五早上上交。我只要查看各组合作得是否有效，出题是否针对接题同学的能力，是否掐准了当前学习的重难点，并根据这些情况评价星级。周作业的意义在于这是团队的作品，这是他们提升自己的出题能力和评价能力的一方场地。

两种分层式作业，各有激趣点。一般而言，三、四年级更适合"每日'一'作业"的形式，五、六年级的孩子则更喜欢合作推进，实践时可选择性实施。

3. 探究性作业的践行——儿童"探究"能力的提升

对孩子来说，最重要的数学能力是什么？中小衔接需要为孩子做什么？我认为让孩子具有自我监管、独立探究的能力是至为重要的，因此几年来我一直在设计和实践探究性数学作业。如植树问题的学习，一般的数学作业自然是解题，不同情况下各种变式的解题。但从核心能力培养的角度设计的探究性作业则为"路灯问题、锯木问题、楼层问题为什么都可以称为植树问题？请举例说明"。孩子们在解答了数据相同的路灯问题、楼层问题、锯木问题后，自悟到各题之间的关联，通过画图描述的方式对植树问题的三种结构有了更深层次的把握，清晰抽象出了植树问题的基本模型。这样的作业无论对解题能力的提升，还是对数学思想的渗透，或是对数学探究能力的培养，都是有益处的。

二、以作业研究为主线，促发"教""研"合力

作业研究助力了孩子的发展，更能推动教师的专业发展。

1. 作业研究，撬动课堂教学

我们都知道要让孩子在课堂上积累经历过程、表达思考的经验、收获过程性知识。但大多数教师的每日家常教学基本是以讲述知识为主的，我也不例外。直到探究性数学作业向我提出了挑战。举个简单的例子，比如，基于数学"模型思想"的渗透，我在复习比例时，布置了这个探究作业。

【作业探究提示】"数学，就是研究千变万化中不变的关系。"你现在怎么理解？请举例说明你的看法。

你一定觉得这题出得太匪夷所思了，让孩子怎么写？是的，很难写。因为你是空空然先见到作业要求。孩子们不会觉得难写，因为他们在课堂上刚回顾、欣赏了这些图（略）——正是在课堂上，孩子经历了抓本质结构、举一

反三、沟通联系的过程,他们才能从课堂到作业,完成"抓结构"的序列。

也就是说,作业反过来在撬动课堂。

2. 课堂反思,促成教学合力

当我把作业撬动课堂的教学点滴变成文字及时发表在自己的QQ空间时,孩子们的爸爸妈妈成了最忠实的读者。家长读完之后会有一种"现场感",会知道指导孩子掌握一个知识点究竟要经过一个怎样的轮回。无论我要求他们做什么,他们都特别地支持和配合。

三年后,这一届孩子毕业;一年前,四、五、六年级三年的教学日志结集出版。这本《爱上我的课堂——一位小学数学教师的教学反思日志》的反响超过预期,为我带来了一些属于台前的荣光,但背后的缓慢挣扎才是真实的生长。

课堂反思,促成教学合力,对孩子的发展、对教师的成长都有莫大的助益。

3. 主线推进,扎实家常课题

有很长一段时间,我觉得课题研究是一种文字的堆砌,是一种负担。直到我将日常的思考琢磨和课题研究挂起钩来,才觉得课题研究就是成熟的家常思考,才感受到它对于教学实践的重要意义。

教过四年级下册《运算定律与简便计算》的老师都知道,这一单元出错率极高。我就想借着又教四年级的机会把这一单元好好研究研究。我从各个版本教材的对比中发现人教版教材的弱点,从孩子的心理特征出发去改变例题的教学顺序,还增添了一项每日简算错题摘录的作业,结果真的发现出错率降低了。于是,我的第一个课题"基于错题资源的人教版四下《运算定律与简便计算》单元的教学研究"就这样诞生了。这个课题让我突然觉得,课题可以从家常日子中萌生,可以真正助力于教与学。

开了点窍,我主动申报了第二个课题,关于探究性数学家庭作业的课题。因为探究性作业我已经思考践行了五六年,实践的积累亟须理论的引领与突破。比如,我说不清作业这样设计的理由是什么,自认为的优点到底有没有理论支撑,一切都是浅层次的经验。和课题研究挂钩后,我就翻看了《儿童的

倾听与反思
特级教师修炼日志

心理发展》《教育心理学》等书，发现"儿童本位""图式建构"的理论能支撑起我的儿童本位的探究性作业的设计和实践理念。

如今，儿童本位的探究性数学家庭作业体系初成，也提炼出了基于类型和内容的两大设计策略，归纳了基于图式理论的实践策略。实践有了理论的支撑，做的和想的就沟通了。书稿对一线教育的现实价值得到教育科学出版社的肯定，2015年将出版《这样的作业有意思——小学数学探究性作业设计与实施》一书。

除了自己多年思考的问题可以转化成课题研究，别人的想法一样可以广吸博纳成为自己研究的课题。我在华师大培训的时候，孔企平教授说，空间观念是非常非常重要的数学能力。我当时就想到了定向运动。这个运动作为例题背景，却从未让孩子真正感受过。于是，在长达一周时间的酝酿和准备后，我和孩子来了"那一场定向盛宴"。孩子们的欢呼雀跃让我心思一动：这样的有一定主题的数学实践课，孩子们那么喜欢，那么意犹未尽，我为什么不试着每学期上一两节呢？那么，上什么内容呢？方案怎么定呢？于是，"长周期小学中高段主题式数学实践作业研究"的课题就有了雏形，立项了。我坚信孩子们觉得很需要的东西，一定是有价值的。

作业的"生长力"，丰盈了我和孩子们的翅膀。每个人都想做最好的自己，像我这样的一线普通教师，一定要做服务于自己日常教学的研究，那才有乐趣，才会有成就感，才能从根本上享受成长。

4月20日 ｜ 两耳成茧，如何破茧成蝶

——读郭思乐教授的《教育走向生本》有感

"生本"，真是一个足让两耳成茧的词儿了。

教育走向生本，想想也就是"先学后教""尊重学生""关爱每个孩子""激发潜能"这些腔调。只是，大家都在做这个，都在努力朝着这一方向，为什么他们能做得出类拔萃，能吸引我们前去学习观摩？

正是这个疑问促使我在学习观摩之前网购了郭思乐教授关于"生本"的著作。

目录，是我喜欢的风格。

"为教师的设计"就是"为学生的设计"吗

是懒人有懒福吗——内部自然的无意适应

……

这些小标题都很"细"很"小"，就很"吸引"人。

追随目录，粗略翻了整本书，心下略有遗憾，因为总的还是在说成果，很少涉及具体怎么做。这几年，浸润在那么多的理念之中，自认不是一个理念不新的人，更渴望有方法上的对比和思考。聆听过北师大教授"怎样看一本书"的教诲，我就着重看了上篇中的第五章《生本教育的方法论》。

本章共8节，分别是"先做后学　先会后学""先学后教　不教而教""以学定教与内核生成课程""一个以学定教的案例""讨论是学习的常规""感悟：人的精神生命拓展的工作间""读和做　缓说破——促进感悟　开发潜能"和"关于两极分化"。

细细看了后，从自己学科教学的角度进行了文本与教学现实的挂链。

触动有三。

"教师的导,应当把精力放在设计'先做后学''先会后学'的过程上。"

把一学期或一个单元的问题都罗列给孩子,要求孩子独立解答,在课堂上解释,引导孩子互相"监听",并利用"我也不明白"来指出孩子发言中的漏洞。这样的方法值得一试。当我们把任务交给孩子的时候,就是对他极大的信任,本身就会带给他开拓感和成就感。所谓引导,我将它理解为这样的层面:如异分母分数加减法,就两个问题:分母不同怎么办?分子又怎么办?看书,讨论,其余的让孩子自己完成。在这里,教师起到的作用就是确定了内容和进度,给出了对学的恰当而不过分的指导,使孩子的学,是教师指导背景下的学。

"讨论是学习的常规。在生本教育的课堂中,几乎天天有讨论,堂堂有讨论,人人进行讨论,只要是学习需要的,没有什么不可以讨论。"

教学中,常会安排小组讨论和同桌讨论的环节。但是,生本课堂的讨论显然不是形式上的讨论,它是知识习得的重要方式,是学生间自由深层的讨论,是教师的"退后"。孩子们在讨论中彼此开启心智。

很想学习,无奈文字侧重于讨论的优点和坚持讨论后成果的描述,少有如何引导、如何达成那种讨论境地的叙述。想来,也是希望读者自己思考,自己领悟。

今天学习用最小公倍数解决问题,我也让孩子们讨论了问题的意思,讨论了如何借助画图解决问题。再三回顾,终究是铺垫得多了一些。这方面的引导和培养值得自己持续关注。

"就像地平线你越向它走去它离你越远一样,你越想直接教给儿童以感悟,他们就越没有自己的感悟。读和做,缓说破。"

明明给了孩子们很多,却发现孩子们没有"收下",这是做老师的常见的痛苦。教师也常因此痛,而恨声于孩子。我校一节课35分钟,每节数学新授课都容不得半点拖拉。这就导致我常常会着急,急于打断讨论,急于收回感悟的时间,急于归纳和抽象。缓说破,绝对是大智慧。

浅阅方法论,三点感触已是知足。化茧成蝶只是愿景,但若敬重生命气息,终有破茧成蝶的一刻。

4月25日 | 领略生本教育

夏意朦朦,撇下孩子们,来到了广州——考察生本教育。

来之前,我已经认真阅读了生本教育创始人郭思乐教授的《教育走向生本》,感觉是理念葱茏引人,成果皇皇震人,做法寥寥无几。想着,来到实地,重在将做法扩容。

依然是理念奔腾

第一个讲座就是创始人的《向大自然寻找力量》。

整个讲座按教育现状、生本成绩和各科做法的思路推进,三块内容的占比分别是40%、40%和20%。各科做法又涉及语文、数学、英语,合起来所占比例又那么小,所以仅仅是翩然掠过。

"教育尽管是一个阳光事业,却总让人觉得繁重,压力很重。教育,本来就是自然的。如果走了不自然的道路,教育就累了。学习知识应该是快乐的,学习者应该是成绩优异的,这样的可能性实现必须是——回归自然。"

教育寻归自然。

"所有孩子都富有天然的创造力,在创造中成就自己的成长,更是天性。素养好,何愁考?生本教育就是给予人、尊重人、依靠人、发展人的教育。生本教育也是为学生好学而设计的教育。思想观念短视、课程路线陈旧、应试课程充斥的控制式教学,弥漫着'如果我不知道你成长,那么你的成长有什么意义呢?'的夸张气息。教育,必须从考本、师本走向生本。学,是生来的能力。独立于教。孩子有兴趣,会很厉害,能力超乎想象。遵循自然,孩子的自然。"

的确，我的小乐在他的"自然"世界里也是何其厉害。"和这样的孩子谈分数，太见外了，小学不见好，初中开始越来越厉害。"这话得赞一下，其实未必。

无论是理论还是视频这种"实践形式"的课堂展示，其实都是生本教育成果的呈现。而怎样一步一步去实施生本教育，还是一头雾水。好遗憾，创始人就站在距离你三四米的地方，为你做了一个早上的报告，却未涉及具体的变化和操作策略。于是，听着报告的我只能停留在理论浏览层面，依然不知道在我的教室里，我要怎样去改进，我要如何去变化。核心的东西为什么没有传递过来？是成果保护？还是难以陈述？抑或是只交于实践基地？再甚者，是教授明白"自悟"才是关键，因此只能引起你的兴趣，其余都依靠你自己去达成——这倒是契合了生本教育"一切依靠学生"的理念。

正如此暗自腹诽时，教授开始了各科做法的介绍。

关于语文的改革，我很认同应该缩减无趣而琐碎的字词句段的分析，然后将节约的时间转为学生的海量阅读。

数学，生本，也是先学后教。但是，有些结果性的知识，让孩子先学，真的好吗？终于来了一个数学"教"的例子。

"知道问题很重要。鸡兔同笼一般注意方法。先2只鸡3只兔，共几个头几个脚？遮住头或脚，猜有几只鸡几只兔？然后学生互相出题，想解决的方法。在猜结果的过程中，慢慢就琢磨出了方法。把问题说清楚是关键。"

我要如何从这样一个教的例子来推广，来概括，来发现通用的做法？

"'多边形内角和'这节课研究多边形内角和与边数的联系。先前学过的知识中，哪个知识与这个知识点最接近？三角形内角和（知识之根）。我们看到陌生的东西一定会回到熟悉的地方去（人性之根）。那么，这个陌生的东西要怎么变成熟悉的东西？怎么解决问题？有什么发现？整个课堂就在疾风暴雨的发现中过去了。那么，习题没有做怎么办？懂了最核心的东西，不怕。

"学负数。上半场赢3球，下半场输4球，结果呢？两个事情：1.找两个例子，也是输赢的例子；2.你发现了什么规律。规律是次要的，要认识到都赢赢更多，都输输更多，有输有赢看输多还是赢多。"

哈,有意思了。

有了一点点认识

第二个讲座虽然来自一位年轻的一线生本名师,但呈现最多的依然是成果,令人咂舌的成果。掠过成果,我个人感觉最亮眼的是"前置性小研究"。这和我一直在做的探究性作业类似,特别是适合新授之前做的那部分探究作业。

感觉对数学生本课有了一点点认识:在多类中挑选、判定,是概念学习的主要方式,然后让学生举例,让学生自编题目,最后问"你发现了什么?你还有问题吗?还有不同的方法吗?问题可以更难吗?"——这是数学生本教学的基本套路。

课堂,从无谓到臣服

连续走入学校,依次听了小学三年级的生本课、五年级的评研课和高中的练习课,心情也跟着一路有变。

三年级的生本课,似乎只是告诉我们学生要上台、要多讲,老师除了"嗯,很棒"就没啥参与了。重难点都没有突破,教师的作用被忽视。这让生本教育无端端虚了几分。

五年级的评研课,老师让孩子们课前先梳理,上课时分组上来介绍。教师及时参与学生的活动,让我们看见了学生的表达、学生的研究和老师的适时参与。各组都要做PPT展示,这是比较震撼我的。作品里面糅合着学生的合作和交流,很有价值。

高中荆志强老师的课,是一节练习讲评课。学生提前组内批改、交流,统计出错题。老师引导学生一起分析错误率高的题目。这使分析非常有效。而老师的即时性介入非常抢眼,真正诠释了"教师帮学"的魅力。至此恍然,生本,绝对不可能轻视教师的作用,教师只是换一个角度,从讲述者变成激励者,从指导者变成帮助者,细微之差,天壤之别。这一课,最令我感动的是课堂上师生一阵阵爽朗的笑声。那样真正快乐、融洽的课堂让我心悦诚服,心生艳羡。

我要为之努力。

没有可以照搬照抄的模式,唯有深入人心的理念。于是,明了了为何理念先"砸"过来,明了了为何成绩先"晒"出来。具体的做法,仍然需要自己探索,结合自己孩子们的特点逐步摸索。

生本,对我而言不是零起点。分组、小组绑定评价,咱也有;小老师,上来讲,咱也有;数学小研究,咱也有;单元自己梳理、展示,咱也有……很多东西我都有触及,并坚持着。那么,区别是什么?我还是主导着一切,我还不够放手,我做得还不够细致,我还没有全员扬帆,我们还没有那么快乐。

继续,攀登。曲折,方有达境之乐。

6月2日 | 开始复习了

由于506班的数学老师受伤，6月份我要带两个教学班。早上，复习"因数和倍数"板块。两个班级教学，第二个班总是相对受益——教学方案可以因学情及时调整。501班先上，下课铃响才复习到公因数和最大公因数。主要是概念梳理花了不少时间。复习的功能有回忆旧知、梳理概念网络促进知识的系统化、查漏补缺、综合提升发展学生的思维能力。回顾和梳理自然是非常重要的，但是对概念的回顾若是放在课前——让孩子把每个概念在书上找到——读出来，课堂就会更有效。

于是，在506班上课直接读书，找读概念，然后同桌互说后个别学生上来"说理"，为什么这些概念能在一起。这个过程，使学生较快地激活了旧知，建构起了知识网络。这么一来，铃响正好完成了本课的复习任务。

由于506班已经完成了课堂作业本上的相关习题，所以今晚的作业就让孩子们自己编写。下发了一张白纸，让孩子们自己编关于本节课复习内容的练习题，不必做，最后被选中的那份作业卷就是今晚的作业。刺激点：作业卷被选中的孩子今晚免数学作业。

一个中午，要完成作业卷的编撰，任务还是蛮重的。但是，我没有要求题量，孩子完全可以依据自己的能力调控作业量。我很快根据作业卷的质量评定了☆、☆☆、☆☆☆三个等级，☆☆☆卷多达14份，真不错，最终择定了张晓雯的练习卷印发。

501班今天的作业，就不用走这一遭了。我们预留了板块复习的作业，直接选用就行。

复习，是直接进行试卷讲评式的综合性复习好，还是花几节课先来一轮基础回顾好？我个人还是倾向于先进行基础回顾的。每节课，尽可能像新授课一样上下来，将每个板块先做一个梳理和复习。这对于学习困难的孩子是极有益处的。第一轮复习，是基本知识的回顾，是查漏补缺，是温故。第二轮复习则是重在突破难题、错题的策略教学，本学期一定要强化举例和画图策略。

计划，本周第一轮，下周第二轮，然后综合测练查漏补缺。正因为我一节一节地上复习课，所以通常用不了几张期末练习卷。也因此，我得提前去划定"我要使用"的范围，其余的学习资料可以由着孩子和家长去选练。

两节数学课后，办公室落座，迎来了两个提前考入奉化中学的孩子——陈祉好和周树扬。我详详细细询问了他们中学的学习状况。这一聊，就聊到了午饭时间。

中午，和教科所专家聊，聊到下午1点多。

这才开始检查孩子们的数学作业订正情况。批阅作业卷、复印作业卷、学籍网毕业生名单上交、作业课复习。

一天的工作落下了帷幕。

一天的时间，好像莫名其妙就溜走了。

出卷人姓名：张晓雯　　班级：506班　　学校：奉化市实验小学

填空：答卷人姓名：_____

在整数除法中，如果商是整数而没有余数，我们就说被除数是除数的（　），除数是被除数的（　）。

一个数因数的个数是（　）的，倍数的个数是（　）的。

是2的倍数的数叫做（　），不是2的倍数的数是（　）。

判断：

① 自然数A的最小倍数和最大因数都是A。　　　　　　（　）
② 个位上是3、6、9的数，都是3的倍数。　　　　　　（　）
③ 有一个三位数，百位上的数是最小的奇数，十位上是0，个位是一位数中最大的偶数，那么这个数既是2的倍数，又是3的倍数。　　　　　　（　）
④ 三个连续奇数的中间数就是这三个数的平均数。　　（　）
⑤ 3的倍数一定是奇数。　　　　　　　　　　　　　　（　）

解决问题：

1. 小明的爸爸买了7.5kg食用油，家里有可装10kg、5kg、2kg油的油壶，选哪种油壶正好能把这些油分完？需要这样的油壶几个？

2. 运动会上，五一班买来45个苹果和27个面包，平均分给班上的运动员，刚好分完。这个班最多有几位运动员？

3. 有两根铁丝，分别长60m和36m，王叔叔要把它们分成若干根相同长度的小段。每段铁丝最长是几米？

张晓雯的练习卷

8月20日 | 恨不相遇初中时

——《写给全人类的数学魔法书》翻阅有感

作为一名数学教师,看见这样的书名,很难让自己没有购买的冲动。

兴冲冲翻开书页,"当你翻开这本书的时候,我就能想象得到,学生时代的你,数学成绩一定不怎么样,你在数学方面一定很自卑:'我没有数学方面的才能。'或者,你会这么认为:'数学好的人=有才智、有灵感的人。'认为自己和他们不是一个世界的人?"

这几句话蓦然地就生成了共鸣。很多对数学学习感到吃力的孩子都会有这种自卑的情绪,因为数学成绩好往往暗示着这个孩子"有天赋,很聪明"。而这位日本的"数学达人"永野裕之则认为数学只是靠方法罢了,方法对了,学好数学不是问题。

但是,这本书却并不适合推荐给我的孩子们阅读。

为什么呢?

因为尽管书的语言特别通俗易懂,很多方法甚至借用了漫画进行详解,但是书里涉及的数学知识,除了平面图形面积公式如何推理得到是属于小学阶段的知识,其余的都是初中到高一的课程内容,对于小学生来讲显然深了。

悲催地,很多我也看不懂。然而具例不懂,道理却是共通的。我感到滋润的点有三:

一是联系

作者反对死记硬背数学公式的传统学习方法,希望告诉孩子数学到底是个什么东西,提倡学通、学透。比如为什么三角形面积公式是这样的,你要弄懂它因何而来。很多孩子在学习数学的过程中,的确是走了太多的弯路,导致花了很多时间却没有将书上的知识真正转变成智慧,这就是将知识学死了。

其实,这就是我们日常所说的要用联系的方法看待数学问题。数学知识总是内在关联,具有独特的螺旋式上升的特点。了解其中的联系,对于学习自然是大有助益的。

二是教说

作者是个非常有意思的人,可以说很有"教"的情结。他学了一天的知识回家后,特别喜欢关在房间里对着他的学生——空气,自说自讲认真地教一遍。讲着讲着,他觉得对数学知识了解得特别深刻了。这是孩子们可以学习的方法哦,把爸妈当学生也行。

的确,如果能将一个知识点讲清楚,如果能教会别人这道题怎么做,如果能解释给别人听为什么这样做,那对这个知识点的理解自然是深刻的了。另外我觉得,能问出有深度问题的孩子往往也是善于思考的孩子。

三是思路

这本书的精华部分,就是第3部《遇到任何数学题都能够解答的10种解题思路》。尽管有些例题我都看不懂,尽管有些方法小学根本用不上,但却能让人领悟到——应该给孩子几个明晰的好的解题思路。一类题往往有一类题的特点,抓住结构、凸显特征、明晰方法肯定是上上之策。比如总和孩子念叨的模块法和画图法也是解题的方法。

这本书取名为"写给全人类的数学魔法书",的确是写给所有人,包括小孩和成年人。为什么你的数学会学不好?要想学好数学应该掌握哪些学习方法?翻阅的过程中都有些嫉妒现在读初三的孩子了。如果我在初三的时候能看到这本书,那数学学习可能真的会轻松不少了。

恨不相逢初中时。

希望和宝贝们共同跨入六年级时,自己能再强化一下这三个方面的思考,帮助孩子们更轻松、更深刻地理解数学问题。

9月18日 │ 面对难题的小招数

孩子们常常艰难地跋涉在数学难题中。我们陪伴着他们前行，不断思索着怎么样的帮助才是最有效的帮助。平常一天里，仔细一瞧，就能发现很多帮助孩子应对难题的招数。

第一招：拍小视频

今天上课前给赵力扬拍了解题视频。这个小家伙思维灵活，但走上台长篇表达，他有些拘谨。每次拍一个孩子解说题目的时候，其他孩子都会很认真地听。所以，拍解题微视频的好处是很多的——一听说拍视频，孩子们会特别安静，专注地听，以免拍后被指出问题；本来会解题的孩子在讲解题目的时候，会因为紧张等原因出现一些问题，这就需要一遍遍重拍，这一过程中一部分不会做的孩子也听懂了；说题还锻炼了孩子的表达力，也激发了其他孩子参与难题探究，获取下一次解说机会的积极性。

今天拍小视频的时候，我发现一个孩子一直在走神。我觉得需要教育一下了，临时用龟兔赛跑的故事给孩子们补"鸡汤"："也许你是小乌龟，也许你是小兔子。如果你是小乌龟，你要有信心，要相信最后决定胜利的是耐力，是坚持；如果你是小兔子，你可能常常不知道自己'睡'了，你想要胜利你就要'醒'过来。学习有两条路径，一条是自己思考自己学，一条是倾听别人，向外获取，不要关闭自己的两条学习通道。"

每次讲道理，我都发现孩子们很喜欢听。理不需要多，偶尔还是要引导的。

第二招：设计题组

上课内容是分数乘法的复习，边练习边复习。

我先给了一组整数乘法问题。

1. 比 4 吨多 2 倍是几吨？
2. 比 4 吨多 2 吨是几吨？

孩子们自然都会做。那么，都来解释，为什么一个是"4×（1+2）"，一个是"4+2"？说清楚了，把"2"都换成"1/2"。

1. 比 4 吨多 1/2 是几吨？
2. 比 4 吨多 1/2 吨是几吨？

再做一做，说一下道理。都说完了，自己去感悟，到底怎么去辨析这类题。再来一组。

一条绳子 4 米长，剪去 1/2，还剩几米？

"想想另一道题目我会怎么出？"孩子们反应很快，"剪去 1/2 米。"会出题，说明孩子们对题目的结构已经有了些了解。那就继续来说区别。

有时真不能着急，只能慢慢来，慢慢来，此时若不加深对分率的认识，后患无穷。

分析两组题后，以练习推进。

练着练着，周子扬指指手表说 8 点 35 了。原来学校打铃器坏了。这小东西时间感还真准。

马上布置好周末作业，叮嘱课代表收好校内作业。

应为跑过来说，他昨天就已经完成了今天中午的作业。看来，是这小娃娃来亲昵老师了。昨天上课，他被我批了一顿。昨天下午，我发现他主动帮草草同学分析错题，又和夏婷一起合作绘本，今天上课表现也上佳。学生就和自己的孩子一样，批管批，还是得让他知道老师"批事不批人"，妈妈或者老师对他的喜欢是不会变的，承认错误、承担责任是为了做更好的自己。所以，此时要表扬他。

第三招：不纠结教材

走出教室，驱车来到莼湖参加估算教学研究活动。我校本学期也选择了这一主题，我负责五上估算的教学。由于参与了上课教师王敏烽的磨课过程，所以，对于估算问题我提前进行了一些思考。当海宁教研员抛出"何时估大？何时估小？学生可以不必归纳，老师总要有个了解，大家可知道？"的问题时，我私下与之交流：尽管估算策略要依据"够不够"的具体情境而确定，但"够不够"的问题，可以归结为——先大估，估大了够，就一定够；估大了若不够，那不一定不够，还得估小才能确认。有点绕啊，多难为孩子。

我觉得估算，不可能只定位于问题解决。如果只是解决问题，那么精确计算有何不可？一个估大、一个估小有何不可？但面对今天的学习内容，这些方法就不适当。估算解决"够不够"的问题，显然是需要模糊的计算和肯定的结果。所以，孩子就需要经历一个较为严密的推理过程。计算已经模糊，自然要归于确定的区间变化来推算"一定"的结果，所以同时估大、同时估小是必要的策略。估算比精算在计算上简便了，但其推理和判断的过程却大大拉长了孩子问题思考的过程。所以，无须过于在意教材出来的解答方法，让孩子感受这个过程才是最要紧的。只要孩子能表达清楚原理，用哪一种估算思路都可以。

我自己的想法充其量集中于一课，而海宁教研员吴兴元老师则对整个估算教学做了梳理，提出了很多引人思考的问题。幽默的语调，丰富的学识，机敏的表达，谦和的姿态，是个讨人喜欢的专家。

倾听与反思
特级教师修炼日志

9月29日 ｜ 台风天听练习课

今天，我需要参加16学时的学分培训。原本想着下午请假回校上课，没想到人算不如天算啊，下午学校竟然因为台风放假了。

台风天吹走了一节数学课和一节作业课。

我也就安安心心地在方桥听完了两节课和讲座。

今天听的两节课都是练习课，一节是三年级的"周长"练习课，一节是六年级的"圆的周长"练习课。无论是楼蔚波还是郑娟娟，都为练习课投入了很多精力。两课的练习设计都比较关注思维，整个教学过程中有很多地方都可圈可点。

两次培训，借着组长的名头"命令"了王来波和方巧娟作为导师去评课。两次学员评课，第一个上台的都是武岭小学的丁慧娜，今天赵琴琴也主动上去讲了。虽然教龄不长，评课的章法条理尚不及导师，但已经能"言之滔滔"，很是不错。

练习课自有练习课的特点。我们都知道练习的主要功能是熟练技能，或者说，技能的熟练一般需要通过大量练习来达成。平时的课堂，练习课容易变成习题堆积课，一道接着一道，校对而过。然而，训练技能，不能光是习题解答，而是要借助习题的解答来达成对解题方法、技能的总结和推广，使孩子们能够解决这一类问题。我该怎么去想，怎么去做？优生领路，全体互动，教师小结，推动整个团队提升技能。

我从这样一个角度去想，就觉得练习课应该走一条"基本练习，人人能归结方法 — 变式练习，互动中逐步归结方法 — 综合练习，沟通解题方法"的教学思路。如此想来，楼蔚波设计的练习，在沟通方法提炼推广层面，还是有所欠缺的。大量设计得相当精巧的练习，其实超出了学生真实的达成力。这些习题若想孩子们都能掌握，可能性不大。大容量过场，往往会弱化了体验和提炼。

那么，怎么强化"方法的提炼推广"呢？以课中的两道练习题为例。

比如，计算几个方块叠加的组合图形的周长。老师巧妙地设计了磁棒贴，又课件平移展示说明，看似"尽力"了。实际上，在孩子尝试解答后，教师并未将分步解决这类问题的方法解析清楚。第一步，应该是观察，要让孩子知道先观察哪些边和周长无关，清楚自己该如何去分辨（此时利用磁棒演示，拿去与周长无关的边）；第二步，才是计算，数边法是周长计算的通法，也是处于这个学习阶段的孩子该掌握的方法。个人觉得这是第一位的有助于概念巩固的方法，应该要认同并强化；接着才是发现特征后进行平移，利用公式来计算，在此练习课中可以一带而过，日后还有强化的时机。

再比如，设计了画周长已知的小长方形的练习。当几种答案都呈现出来的时候，我们是不是应该问问孩子"你在画的时候，是怎么去确定长和宽的"，而不是说"你们发现这些图形的长和宽有什么特点"。有人说孩子是凑的，那么是怎么凑的？画了长，然后凑宽？那也是方法。周长里面减去2个长，剩下2个宽，一定也有思考在里面。这种题目是难点，要让孩子达成技能，就需要一步步帮助其掌握方法。各个层面的孩子一表达，方法就慢慢出来了，思路历程为"周长 — 长 + 宽的和 — 长、宽分别是几"，有推有算再画图，还可以加个"回头算一算"，对提高此类题的正确率也非常有用。不然，只是走马观花。所以，解答后来的选择题"小明用4根小棒拼成一个周长是14厘米的长方形，它的长、宽可能是(　　　　)。①长7厘米，宽7厘米；②长6厘米，宽1厘米；③长5厘米，宽1厘米。选择，并说明理由"时，没有一个学生提到用"长 + 宽的和"来辨别的方法，仍然是具体运算辨析。那么，前面练习的真实效益岂不欠丰？

10月3日 | 暖暖的笑脸　厚厚的积累
　　　　——读沈百军老师的《为学而教——沈百军教数学》

　　每一次看沈特,都能撞上一脸暖暖的笑意,我是当真没见过他板着脸的模样。

　　一个那样温暖的人。

　　人分几种,有些人真的是天赋异禀,沈特就是其中之一。按教小学的教龄而言,他教书的年数远不及我,但他教10年就成了省特级教师,非常人所能及,但不见其骄气。无论是他的为人,抑或是他的课堂、他的文字,都是那么的接地气。

成长,可能曲折 —— 坚持穿越的心态

　　不阅此书,我压根不知道他竟有一段被人投诉只能当学校图书管理员的经历;压根不知道他有过班级管理无策向优秀班主任求救的尴尬;压根不知道他曾经人微言轻、孤掌难鸣,教学想法无人倾听……

　　然而,正是这些曲折,促使他明了"或许弯道比直道可以看到更多的风景,收获也就愈加丰盈和珍贵"。

成长,基于思考 —— 以生为本的教学

　　沈特一直关注"以学定教",这是万里的品牌,也是他的追求。《走进学生》《跳出教材》《生动课堂》,三个章节铺陈开富有他个人特色的《教学思考》。

　　"学生在哪里?""学生去哪里?""学生怎么去?"这三个问题想清楚了,才能算关注学生、走进学生;"教材不只是一个例子""教材不可不尊重""教

材不可不超越",才是正确利用教材的态度;"让学生笑一笑、动一动、静静思、大声讲",才是"为学而教"的生动课堂。每一处、每一讲,都附上了真实的教学课例或者教学故事,使得阅读者的认同感飙升。

成长,需要积累 —— 与众不同的课例

书中有很多课例,但这些课例真的与众不同 —— 给人特别特别接地气又眼前一亮的感觉。

以往我看一些名师特级的课例,有时会觉得自己离他们讲的远,因为有些课例内容并非取自人教版教材,但沈特的课例内容都取自人教版教材,其中只有几节是常见的大课,大多数都是普通小课;以往看的有些课例的设计异常完美,但要执教者有独特的驾驭力,或者要先进的课件辅助,但沈特的课例基本都是一支粉笔和简单的几张PPT就能达成,顺着学生的思考路径推进,推进的路上又不乏一些亮丽的小花在向阳绽放,令人惊喜;以往看的有些课例似乎过于经典大气,是上公开课的好助手,但沈特的大量课例能直接改进我们的教学,让我们的课堂更加生动有效,让我们认可其"为学而教"的理念。

成长,因为喜欢 —— 发自内心的热爱

无论是缓缓述说自己的成长经历,还是将自己的教学思考娓娓道来,都能看见沈特对学生的喜爱,对课堂的热爱。他心目中的理想教师,要有爱心,有数学思维,有教学智慧 —— 爱心是第一位的;他遇到挫折的解决办法是做自己喜欢的事,他常对自己说,做自己喜欢的事,即使没有人给你荣誉和称号,你也是会好好干的;他的人生格言是"因为我的存在,给予学生更多的幸福"……

满当当的爱,发自内心。

我记得有一次参加他组织的座谈会,说到"你想做一名怎样的老师"的话题,我当时回答"我想孩子们都喜欢我",他就笑得特别灿烂。我那时就觉

倾听与反思
特级教师修炼日志

得,"哈,是一样想法的人呀"。

　　只是,他真的做到了,真的暖暖待生,深深育人;而我,前路漫漫。每天对自己说:我要努力做一个温暖的师者。但这也是美妙的过程,这是师者的修炼,也是为人的修炼。

　　阅读启智是大获,阅读悦心是大喜。

　　感谢沈特的书,悦心启智,是为大欢喜。

10月13日 | 解题的偷懒本能

关于分数乘除法应用题的学习，是有一种众所周知、流传多年的"套路"的。是强制学生利用这个套路获取短期的高正确率，还是让孩子多理解、多尝试，自己去形成方法？这是教师的选择，也直接决定了孩子解题方式的选择。

今天继续学分数除法应用题。开篇就板书"乙是20，_____，甲是几？①甲是乙的1/2；②是甲的1/2；③甲比乙多1/2；④比甲多1/2；⑤甲比乙少1/2；⑥比甲少1/2"。只列式不计算。

强制性的要求只有：画出单位"1"，已知的注上数据，未知的打上问号。

至于用乘法还是除法解决问题，我一直没有"规律性"强化。

做完后校对答案，然后思考这类题的特征。孩子们发现了"总是两个数，一个数已知，一个数未知"，"有一个是单位'1'，一个是一般量"，"两个数有直接关系，谁是谁的几分之几或者谁比谁多几分之几"。是啊，这样的题，我们总是可以用怎样的方法去解决呢？到了练习课之后的今天，需要孩子们自己观察并归结一些方法了。

果然，在持续借助线段图、等量关系理解为什么这样做之后，孩子们也能很快发现求单位"1"总是用除法或者方程来解决，而单位"1"已知，就可以利用单位"1"的几分之几直接用乘法解决问题。这些观察和归纳还是需要的，只是在解题时，我没有去强化这些"套路"，更关注"最好的数学"——方程方法的落实，因为方程解法紧扣等量关系特别好理解，对后续学习也更有意义。但是，有些孩子擅长从分率、份数比的角度去思考，完全允许。

在分析了这类题的特征和解决这类问题的方法后，我说："今天要学习

倾听与反思
特级教师修炼日志

的问题和它们有点不一样,你们看 ——"我把"乙是 20"改成了"甲乙之和是 20",把问题改成了"甲、乙各是几",现在怎么做?

先画线段图理解题意,然后孩子们试做。针对第①问,绝大部分孩子用方程解答,还有一部分孩子借助线段图用"20÷(1+2)"先求一份,再求甲和乙。

竟然没有孩子用"20÷(1+1/2)"。

直到分析理解了前两种方法后,戴家辉才说还可以用"20÷(1+1/2)"来做。

那么,为什么用"20÷(1+1/2)"就得到了乙数呢?孩子们都是用方程来解释的,也就是用等量关系来说明。

解决了这道文字题后,再来呈现生活情境的例题。先观察问题的结构,和刚才的题目是同类题吗?说说哪里一样。"全场总分,就是上半场得分与下半场得分的和,与甲、乙的和一样","上半场得分是下半场的一半,就是甲是乙的 1/2 这样的关系","上半场、下半场的得分和甲、乙一样都不知道"。这就是这节课问题的基本结构。我发现绝大部分孩子还是喜欢用方程解决。

随后我布置了课堂作业本第 29 页。到了下课,有 10 个孩子完成,我却发现用方程解决的仅 3 人,都是用"对应的量 ÷ 对应的分率"来求出单位"1"的。

这是为什么?是不是刚学习的时候,感觉是方程简单,所以选择用方程解决,而一旦接触几道题目后,发现再多思考一步就能转化成算术方法,就"偷懒"不用方程了?

11月6日 | 体积教学的"序列性"

"体积"一课，初听是任宁试教的时候。尽管学生在有些环节会遇到困难，会争论，但是总体上感觉很顺。我当时就有一种想法，按此课的设计，在四年级上和五年级上会有什么不同？真想拉学生试试。

我想表达的意思是，"体积"一课遵循了一维、二维、三维的概念内在序列，却没有依循五下《长方体和正方体》单元的知识序列。认识了长方体、正方体，知道了长、宽、高决定一个长方体的大小，会算长方体、正方体棱长总和、表面积后，孩子们学习体积。处在那样的单元学习序列里，今天的设计是否浅了？

我们磨"面积"一课时，认同了"概念的建立需要与原来的核心概念甄别"的理念，也就是说，面积学习需要与周长进行对比。那么，"体积"一课，随着物体形状的变化，表面积和体积的差异自然是一个需要突破的难点。但今天的孩子们不知道长方体、正方体的特征，自然就回避了表面积的干扰。所以，这一课的整体设计难度是下降了的。当摆放多个小正方体时，当橡皮泥捏来捏去变形时，孩子因为没有表面积的干扰，所以能回答得异常干脆。

我觉得此课的设计就适合这样抓来就上的学生，而不适合正好站在那里学过了表面积等着学体积的孩子们。

如果是等着学体积的孩子们，今天5个物体比较体积时，孩子们一定会用"长×宽×高"计算法去比较；孩子们一定会对体积的守恒更难理解，但比较之后，应该会理解得更深。那么，设计时是不是应该更关注长、宽、高这些构建三维图形长方体的要素，更关注体积的形变守恒？以后的熔铸问题、倒沙问题、倒水问题、不规则物体体积问题，都是在体积守恒层面予以突破的。

说起5个物体比较体积大小的环节,我个人觉得放张纸片或者薄薄的练习册是挺有意思的。一来,孩子们常常觉得纸是只有面积的,不觉得它是个立体图形,这次一比较体积,自然就知道它是有体积的,再薄的物体也有体积;二来,孩子们通过将不同长、宽、高的练习册折叠起来去比较体积,认识到底面积相等,比较高就能比出体积的大小,这正好凸显了柱体体积的底面积和高两大要素。所以,我有些不解,为什么现在删除了这个素材。

11月21日 | 小马过河
—— 拍录像课的体会

明明有事儿着急做,但还是忍不住写写这次拍录像课的淡淡的忧伤。

拍录像课之前,我还特地请教了拍过录像课的老师,得到如下建议:

1. 学生不要太多,否则桌子椅子动来动去的声音会很嘈杂;

2. 一定要多上一些,不要拍40分钟就上40分钟,给孩子解题的时间充分些,后来可以剪掉;

3. 自己要多讲一点,要引导学生都说出来,然后自己的废话可以剪掉。

然而,拍了之后的感觉却是这样的——

1. 学生,应该要全体

且不说录像的镜头里出现了空荡荡的桌椅并不好看,光是一半孩子剩在教室里,就让人很难受了。尤其是拍完后回到教室得知有些宝贝已经为此掉了眼泪,我的内心就更自责了。

而去拍摄的另一半孩子也因为空荡荡的微格教室而无端拘谨了几分,加上人少,思维碰撞度也跟着有些浅了。整个课堂,不够常态了。

人多固然可能导致杂音多一些,但是六年级孩子应该是能跟他们说明白道理的,可以尽量小心移动课桌椅。

2. 自己,不能多讲

让学生做题目和思考的时间充分些,这是对的,但自己多讲点使思路更顺,使学生表现更出彩的念头却是大错特错。事实证明,一旦自己多讲,就算给学生再多的时间,他们也无法多讲了。而且,师生之间的对话总是紧密连接的,并不好剪,画面总不能跳跃,衔接总不能生断。

倾听与反思
特级教师修炼日志

于是,感叹,还是以公开课的形式拍摄录像课最为妥当啊。处于公开课的状态里,教师就不会有安然可剪修的心思,会更加有激情,反应会更敏捷,学生也会有更好的状态。

这么一番感受下来,感觉差劲极了。

录像拍了后,我都懒于去剪辑,一直拖到最后一刻才去音像室剪修。可能负责制作的毛师傅也感觉到了我的心情,一再说"你课上那么好""一听就不一样,很清楚""我拍的录像课里你这节最好了""我虽不懂设计,但是听得多了,课清不清楚还是听得出来的""张晨瑛老师都说我可以评课了"……也许他总是这样鼓励着每个辛苦拍摄的老师,但是,无疑,还是给我带来了一些安慰。

于是,内心继续小霸气!这样就算完美收官了吧。

2016 年

1月18日 | 寻一个平衡点

无论怎么努力，还是眼睁睁看着孩子之间的差距在不断拉大。复习课，就更纠结了。你要讲的东西，有些孩子早就懂了，有些孩子还需要再听好几次才会懂。怎么平衡？找一个怎样的平衡点来支撑？

大概是一个多月前，儿子来问我一道数学书上的题。"一条马路长200m，小亮和他的小狗分别以均匀的速度同时从马路的起点出发。当小亮走到这条马路一半的时候，小狗已经到达马路的终点。然后小狗返回与小亮相向而行，遇到小亮以后再跑向终点，到达终点以后再与小亮相向而行……直到小亮到达终点。小狗从出发开始，一共跑了多少米？"儿子觉得自己已经被小狗不断往复的变态奔跑行为折磨得"心在滴血"了。

这道题，我们班已经讲解过，是赵力扬讲解的。我打开手机的视频让他自己去看赵力扬的讲解。几分钟后，他乐了，一边调侃赵力扬和自己差不多黑，一边说原来这简单啊，我是被绕糊涂了。他高兴的样子让我心思一动，如果我能储备一个接地气的难题解答视频库，让在数学学习中遇到困难的孩子能自己查看同伴的讲解，那该有多好。

于是，就慢慢地做了一些。

小视频拍摄——多小的一件事儿，真正去做了，却是很花精力。我根据不同的需要尝试了很多种类型。

一是针对教学重难点拍小视频。

有些方法、有些内容很重要，但是不太容易掌握。于是，让学会的孩子走到台前一边板书一边讲解，或者利用实物投影展开分析。你会发现，明明会了的孩子一到台前面对手机镜头，还是会紧张，会出现语言重复的状况。那

倾听与反思
特级教师修炼日志

就再来一遍。其他的孩子为了给拍摄提供一个安静的环境，都静静地听着。台上的孩子讲错时，大家就忍不住一起笑。然后再重来。一般一道题要讲解两三次才能拍摄过关。这样的一个过程，是比较愉悦的重复过程，这样的重复让那些不懂的孩子自然地懂了。

二是针对个体差异拍作业小视频。

比如，周末数学作业一般要周一讲解分析。不反馈不分析的作业等于无效，只批改不讲评的作业，效果也很差。但是习题讲评很花时间，作业讲几道，35分钟的一节课就溜走了一大半。更麻烦的是，学生之间存有差异。有的孩子写作业过程中并不存在什么困难，而且家里也有人关注他的作业，已经纠正了错误，听你分析等于听你唠叨。而有的孩子错误一堆，家长想辅导却发现自己讲来讲去孩子都听不大懂，常常是讲着讲着就预备母子"开架"了。针对这个情况，我尝试了作业校对分析小视频。一般让孩子周六完成数学作业，周日我将拍好的视频上传到QQ群，让他们自己核对聆听。视频的好处是你可以将自己完全懂的讲解跳跃过去，你也可以将不懂的题目反复多听几次。也算有点按需使用的味道了吧？

平时的家庭作业里如果有一两道难题，我也试过让个别孩子在家用手机拍好视频上传。这样一来，既提高了一部分优秀孩子的学习兴趣，也让学习有困难的孩子有新鲜感，愿意听。

这个周末，我又用上了范锦君推荐的一个小武器，结合录屏软件拍摄作业讲评。虽然电子笔写出的字超级丑陋，但是效果还是蛮好的。遗憾的是，智商受限，怎么百度都学不会把录好的文件转成MP4的格式。等王敏烽将制作的方法一步一步传给我，已经是夜里。所以，周日折腾了半天的东西夭折在我的电脑里。只将用手机拍摄的"复习四"上的个别题目分析视频传了到QQ群。

这几年，总是很忙碌，进出也很多。总觉得对不住孩子们，对不住家长们的信任和期待，所以，总是忍不住在工作之余仍然对班级教学挂挂牵牵。这是我自己在寻找一个内心的平衡点。希望自己能有冒不完的点子，能有用不完的热情，让孩子们卷入我想要的自觉自在的学习状态中来。

2月23日 | 数学寒假作业反馈攻略

寒假作业本有了大改进。我翻看了一下,有些习题设计比较精巧,量也不大。于是,这个寒假,我布置的数学作业由两部分组成:一是寒假作业本中的部分练习题;二是6份探究作业"6选1"——一直秉承有固定项、有选择项的作业设计理念。让孩子有选择,就能在较大程度上尊重孩子的喜好和彼此的差异,而选择能力的强弱,又直接关系到孩子的综合素养。"选择性"是当今教育发展的关键词,无论是学校课程架构的"走班制",还是高考改革的科目自选制,都体现了当前教育对"选择性"的青睐。更重要的是,人生就是一次次的自我选择,不断的选择组成精彩的人生篇章,让学生学会选择,形成豁达理性的人生观,才能构筑精彩的个性人生。大道理炫在这里,小步子慢慢前行。

快乐"6选1",主要有以下内容:

【探究1】比0小的数

目的:从生活中体验比0小的数——负数。

建议:听天气预报,说说我国南方、北方城市的气温,想一想播报的气温是什么意思。

【探究2】生活中的百分数

目的:了解百分数在生活中的应用,树立理财观念。

建议:跟随父母购物,看打折商品,计算价格,进行对比;把压岁钱存入银行,了解利率,算一算不同存期分别能得多少利息。

【探究3】观察图形

目的:了解圆柱和圆锥。

建议:按图制作学具并观察。再用不同的纸试试。

【探究4】饮料调制中的秘密

目的:了解比的实际生活意义。

建议:购买浓缩饮料,按一定的比调制一杯美味的饮料,并了解调制饮料的相关知识。

【探究5】神奇的魔术

目的:体验抽屉原理。

建议:过年时给伙伴们露一手数学书第68页的魔术,在游戏中探究魔术的奥秘。

【探究6】我家的平面图(此项为学校要评比的作业)

目的:体验比例尺的实际应用。

建议:先利用卷尺测量家中地面的实际长度,再结合纸张的大小绘制房屋平面图。

作业布置下去后,孩子们还是挺"满意"的。开学了,如何反馈呢?

1. 关于固定性解题作业的反馈

毕竟有一定页数,开学后花时间一一批改讲解,是不可能的,且对孩子来说,效果也不好。这一点,咱们班孩子的爸爸妈妈已经达成了共识。所以,在开学前两天,我在微信群里上传了12页练习批改的照片(侵犯了一下下儿子的作业版权,他表示小抗议)。一来在这个时间段校对、订正有助于复习收心,二来孩子自主批改、家长适当关注有助于自主性培养。孩子们还在核对答案的过程中发现了答句和数列填空中的两个错误。

这样的过程经历下来之后,开学只需要翻阅一下完成情况,看看是否有个别孩子调皮偷懒即可。

2. 关于选择性探究作业的反馈

首先是将孩子们的作业都拍照上传微信群,这是相互交流式的反馈,彼此有个借鉴和学习。

其次,是分类评优反馈,展示每种探究作业的星级作品。

这样的反馈是不是挺高效的呢?

2月25日 | 前测课

今天,去班里尝试了"推理"一课的前测。这节课是3月底要去镇海执教的展示课。

测得是忍俊不禁,好多意外。

意外一:你看到了哪些角?分别是什么角?

孩子们先观察,再动笔写。有想法的上黑板来写。

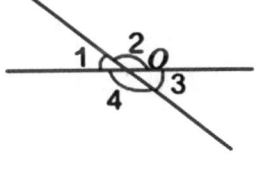

沈高芊:∠1和∠3是2个锐角,∠2和∠4是2个钝角,∠1+∠2、∠2+∠3、∠3+∠4、∠4+∠1是4个平角,∠1+∠2+∠3+∠4是1个周角。(教师形成板书∠1+∠2=180°、∠2+∠3=180°、∠3+∠4=180°、∠4+∠1=180°)

汪登晖:2个锐角,2个钝角,4个平角,4个周角。

戴家辉:有大于平角小于周角的角4个,我不知道叫什么角。

我:只能透露给你"优角""劣角",具体怎样百度自查。我们来看看这些同学的想法,你有什么想说的?

韩墨:总共就1个周角,怎么会是4个周角呢?

汪登晖:我来指给你看。这4条射线有一个公共端点,从这条射线出发,一周后又回到这条射线就是1个周角,从第2条射线出发一周后又回到这条射线又是1个周角。

众:什么意思啊?合起来就是一个周角啊。

我:沈高芊说4个角组成1个周角,没有问题,那他所说的这个周角的两

倾听与反思
特级教师修炼日志

条射线是在哪里？哦，两条重合在一起，就是这里重合着两条射线的意思。那汪登晖的意思明白了不？从角的定义来说明这里有4个周角，是有道理的。

（角的静态定义：具有公共点的两条射线组成的图形叫作角。这个公共端点叫作角的顶点，这两条射线叫作角的两条边。角的动态定义：一条射线绕着它的端点从一个位置旋转到另一个位置所形成的图形叫作角。所旋转射线的端点叫作角的顶点，开始位置的射线叫作角的始边，终止位置的射线叫作角的终边）

从角的定义来看，孩子说"组成了1个周角"，对吧？说"有4个周角"，也对吧？

好吧，这个弯子一绕，完全偏离前测主问题，立马打住，问："除了看见这些角，还有其他发现吗？"果然，注意力都到了"对顶角相等"上来，先说一组，∠1=∠3。

意外二：为什么∠1=∠3？

孙宁坤：我可以用量角器测量来证明吗？

我：操作实证，能测出它们是相等的。但是，为什么相等呢？

应为：我可以用小棒先对照着做一个角，然后去那边对一下，看会不会重合。

我：是个办法，也属于操作实证，会发现两个角是相等的。但是，它们为什么是相等的呢？

钟斌泽：我有个办法，一条直线不动，另一条直线转过去，变成垂直（草图如右）。这样的话，∠5和∠6是同步转动转出来的，它们是相等的，所以∠1和∠3也是相等的。

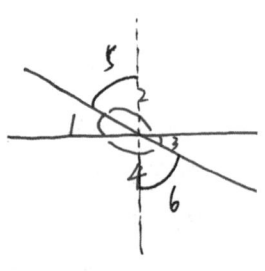

众：没听懂。

应为：我也是这样想的，转动的一样，就是相等的。然后它们分别和∠1、∠3加起来都是直角。

汪登晖：我是这样想的，直接把这条直线转过去变垂直，现在都是90°，现在的∠1和∠3总相等了吧？那就说明原来的也是相等的。

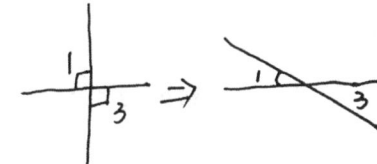

我：这些道理你们可信服了？

众：没有。

戴家辉：我有办法了。我们以前遇到过这个情况。学位置和方向的时候，我们就知道∠3和∠5是相等的，∠1和∠5也是相等的，那么∠1和∠3也是相等的。

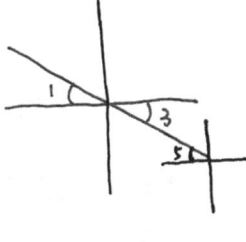

我：是的，大家凭经验都知道是相等的，只是为什么是相等的？

唉，从独立思考到集体交流，愣是没人意识到可以利用组成平角的两角之和等于180°来推理。等式基本性质更是在爪哇国。

于是，继续："我提示，可以利用平角的知识来推理。"几秒钟后，"哦哦哦"声冒了出来。虽然过程难以完整，但都能说个八九不离十。

这样看来，这节课要迎上学生的思路，困难还不小。作为展示课，还不得不思考：

1."我能知道"和"我能证明"的差异难以区分，孩子不怎么懂；

2."看到了哪些角"容易跑题，应该是直入例题的"平角"更有效；

3.孩子已经遗忘"等式基本性质"，如何激活？

4.课前谈话和引入部分如何激发兴趣，切中主题？

5.孩子容易用以前就在用的"相等"来证明今天的"相等"，比如位置和方向里的经验，角的度量、角度计算时的经验，怎么引导？

3月16日 | 来自学生的"抗议"

一年级孩子特别好玩,"抗议"起来也是萌萌哒。

"不可以,怎么可以跳过去!"

毛燕执教"认识线段",课近尾声。课件上出现了3个点,连成了3条线段,组成了一个三角形。数一数,共3条线段。又来3个点,点在同一直线上。

师:数一数有几条线段。

师:谁上来指一指、数一数?

一个男孩子上来指,从一个点到中间的点,1条,再从一个点到最右边的点,又1条,总共2条。

师追问:有不同意见吗?

一个女孩子跑上来,从头指到尾:老师,是1条。

师:这1条可以吗?

学生集体激动了:不可以!中间的点怎么可以跳过去!

"不可以,绝对不可以!点没了!"

王来波执教"认识线段",课近尾声。课件上3条线段动态移动搭组了一个三角形。

师:现在这里有几条线段?谁来指一指。

一个男孩子跑上来,从头到尾一一指认,数出3条。

师:数出来有3条哦。

生(此生上课已被多次表扬,早早获得"数学小明星"称号):不可以!绝对不可以!

师:那你上来指一指,说一说。

生(指着三角形的2个角):线段应该有2个端点,现在点没了。不是线段。

老师们纠结的地方:教材建议不提"端点"。但为了衔接四上直线、射线、线段的学习,我们又觉得要让学生感受到端点的作用,认识到线段是有头有尾、有两个端点的直直的线。

我的感觉:不要纠结于端点,要让学生感受到线段是直直的,线段有可以量出来的具体的长度,量线段的时候可以从这一头量到那一头,就可以了。学习线段之前,教材安排了学习统一度量单位、认识厘米、测量整厘米长度的线这些内容。也就是说,在认识抽象的线段之时,学生已经会测量几厘米的长度了,测量就应该成为认识线段的重要手段。

如果教师能侧重于长度的测量,让孩子感受到长长的线段可以用长长的尺子量,短短的线段可以用小小的尺子量,想象出来的线段用想象出来的超大尺子去量长度,那么孩子应该不会纠结在"中间的点"还是"两头的点",而是认识到"这一段直直的线,它的长度可以量出来,它就是一条线段",顺带提提"你从哪里量到哪里,线段的两头就在哪里"。

感悟线段本质概念的重心如果从"两头端点"切换成"长度测量"的话,是否可以这样子引入?课件呈现4张毛线图:图一水平直,图二"S"形曲,图三斜直,图四半圆曲。抽象成线后,让孩子量一量长度。孩子会很快量出图一和图三上的线的长度分别是3厘米和4厘米。为什么这两条线量得这么快?它们有什么共同点?得到"直直的,和尺子这里一样,所以好量"。借助测量,势必从这头量到那头,悄悄孕伏下对"端点"的感悟,认识到"像这样直直的,能量出具体长度的线,就是线段",它有两个特点——"直直的""能量出具体长度",不妨同步板书强化一下。

设想只是设想,往往走入课堂是另一番模样。

5月20日 | 批改试卷的花样

改卷子，我是有一套批改班子的。班子成员会帮我把数学测试卷的对错全部批改出来。我只要负责扣分、结分、打等级就好。在扣分过程中，就把孩子的错误看了个细致，有时也会纠正一些批改错误。节约而来的时间，我可以用来分析试卷，想想错因在哪里，想想怎样讲评效果更好。

这其实就是一个时间的合理置换问题。

昨天下午，做了一份综合（五）试卷。本来又想这么走一回，几个孩子也期盼着批卷，可我的偏头痛犯了，只能立即回家躺着。躺了10多个小时，今天早上元气才恢复。想着第一节空课，先批改起来。一翻开，仔细看了几张卷子，就觉得"心痛"。哈，好好的520，突然就想到了要让孩子们自己感受一回"心痛"。

于是，就拿着卷子来到了教室。

约法三章：1.把红笔之外的其他笔都放入课桌，一旦发现，视为作弊，清楚了的请举手；2.四人小组校对批改，自己改自己的卷子，批改过程中，遇到问题，尽量组内讨论解决，实在不会的，讲台桌上看答案，清楚了的请举手；3.批改完毕后，交给同桌检查批改扣分情况，确认无误后，整组排队来交给我评等级，评完等级后再去订正，清楚了的请举手。

然后，宣布了计分规则，各组就开始批改了。

批人家的卷子和批自己的卷子能一样吗？那认真度，那心痛的表情，好玩极了。

整组来打等级的时候，韩墨说："刘老师，我的心好痛。"一旁的都"嗯嗯嗯""真舍不得扣分""舍不得打 ×"。哈哈，一节课完成批改，完成订正。

其中，拿两个孩子做了"规矩"。一个是晖，查崔奕恒的卷子不细致，分差达6分，被我查出来，6分扣在晖那里。这个规矩不做，同桌互查的意义就没有了。一个是川，没有打等级之前就进行了订正。打等级之前是不允许拿出黑笔来的，违规就要以作弊处理。

批改过程中，孩子们有争论，有不服，有疑惑。为了得分，眼儿都亮堂堂的，所以一般性的问题都已经解决了。下午作业课，只要去分析一下错误集中的几道题，把最优的方法讨论一下就可以过了。

倾听与反思
特级教师修炼日志

7月8日 ｜ 东北师大培训闲文

硕士论文 or 课题立项报告

这次奉化高端班学员来东北师范大学培训"课题研究"。我因为参加规划课题答辩活动晚了两日抵达，又没有同房的伙伴，就明显觉得自己有些"打头不应"。

看看群里上传的课题范文，暗叫糟糕。这和卓越工程华东师大培训一样一样的——硕士论文格式。当年那16日的艰辛还历历在目，且我是在奉化课题已经结题的基础上再度思考成文的，难度已经降低了不止一点点。

一个课题的诞生，就像一个孩子降生，经历一次次的修改、参评、答辩，他才会慢慢成长——别人讲的。探究性作业课题，我实践了六七年，课题也参加了奉化教育规划课题、奉化基础教育成果奖、宁波教研课题三次评比，并完成了省规划课题的结题。这次专门来东北师大做课题，总不能再拿这个课题说事儿了。

李淑文导师是个优雅的女子，温温柔柔地提示我能不能不放弃作业研究，想想哪些方面还有困惑，哪些地方需要填补，做做子课题也很好。

这绝对是个好主意。

对着电脑两天熬下来，颈椎病成功复发，但也总算熬出了一份立项报告。对，是课题立项报告，不是硕士论文。伙伴们有的说必须按硕士论文格式，有的说导师没有要求，反正我来得晚，我就按自己的理解来做。毕竟我们不是来进修硕士，我们是来接受课题研究指导的。我要尽快完成，才能多和导师交流理论怎么丰厚，实践怎么去做。这才是最难得的。

对吧？对吧！

中学为什么不6年制

围坐一起吃早饭。

前一天,袁孝亭教授的以地理学科为例的课题研究讲座深得学员好评,吃饭时大家也忍不住议论,话题一直扯到了"地理是理科"。

作为学历简陋的中师生,我忍不住问:"地理是理科?不都是读读背背的吗?"奉化中学的李先生说:"NONONO,地理是理科,越学越难,统计啊公式计算啊需要理科思维。"本校英语老师俞美人也说:"生物也是,越学越难,初中时都是背记的。"李先生继续:"初中识记为主,高中就完全不一样了,整个思维方式都有大的转变。"

好吧,没读过高中的默默吃饭。

又忍不住嚷:"既然那么多不同,以中考来作为一道门槛就太不应该了!资源有限,高考目前还是需要的,但中考干吗用呢?中学干吗不上六年,直通高考好啦。"嘿,得李先生肯定:"不分初中高中,像国外直接中学六年,是有道理的。"

可能,也是,高中资源不足的原因吧。

倾听与反思
特级教师修炼日志

7月13日 | 一时，走投无路

这次来到东北师范大学，目的是做课题。但是高校都要走硕士论文的路子，我在内心"抵抗"了一日后，开始妥协，再次做起了投入地查阅文献资料、撰写开题报告的勤奋好青年。

我个人的课题"发展高阶思维的小学数学探究性作业的实践研究"已经实践了好多年，今年5月份刚刚省规划课题结题。而我又参与了教研员宋煜阳的省重点课题"小学数学图形与几何核心概念学习进阶课例研究"的研究。所以，两边的思考一结合，就生成了新的课题："学习进阶"理论视域下探究性数学作业的实践研究——以"图形与几何"内容为例。简单地说，之前我的探究性作业实践是三至六年级按册按单元推进，现在我想结合内容的序列让探究性作业更关注思维、能力的序列性发展。想想应该还不错。

上午和下午，轮番得到导师们的指点。

第一个观点：应该以进阶思维为主核心词，做成系列性研究。比如"小学数学进阶思维发展的实践研究——以探究性作业为例"，比如"小学数学进阶思维发展的课例研究"。

我立马网搜了一下，有"学习进阶"的理论，无"进阶思维"的相关文献。能做成系列性研究，做出个人研究品牌固然是好，可是，"进阶思维""思维进阶"是否能落实？不如重拾"高阶思维"？

第二个观点：作业研究还是低层次，不如做成"探究性学习"，或者"研究性学习"，那比较有价值。

去杭州汇报的时候，省教研室张丰副主任曾对我说："有意思的作业促进学生有意义的学习，是个特别有意思的点，你要是能把它做出来就好了。"

我一直没能很好地理解这句话。有意思的作业一定会撬动课堂。但是,有意义的学习,有意思的作业,怎么定位?从课题角度而言,这些词都很难界定。现在想来,是不是和导师的意思有些接近,从作业走向学习?可是探究性作业一旦变成探究性学习,那就完全是两个研究层面了,如何贯通?

第三个观点:不如做案例,比如"发展思维的探究性学习的案例研究"。

这样的案例研究,是基于课堂教学,还是基于作业探究?还是两者兼顾?我更想做的是探究性作业的进一步研究啊。

……

尽管每个点子都凝结了导师们的智慧,可是,我想研究的"'学习进阶'理论视域下探究性数学作业的实践研究——以'图形与几何'内容为例"完全没有价值吗?还是存在什么大的问题?我研究作业这么多年,有没有进一步深入研究探究性作业的视角?

一时,走投无路……

8月11日 | 舟山分享（1）

舟山，林特工作室学员齐聚研讨。

整个活动的安排很紧凑，一一自我介绍之后，就开始分享各自的思考。

早上第一位，洪飞老师分享的是关于分数意义的分层理解。她提出了三个观点：实物表示的份数定义，语言意义的商的定义，图形表示的测量定义。听下来后，感觉她对教材的分析理解都很到位，但似乎存在自己生造词语的问题，这个问题我也常有。首先，"测量定义"，我第一次听见，其他学员也有同感。分数常见的有四种定义：份数，商，比，公理化定义。分数产生于测量，但是否就可以称为测量定义？测量，是指依据一定的法则，使用量具对事物的特征进行定量描述的过程。它的两个基本特征是测量的参照物和测量单位。测量的结果可以统称为分数，但反过来却不成立。其次，商的定义是"语言意义"？"份数定义"就不需要语言描述？如林特所言，探究有价值，用语还需斟酌。

第二位是象山的洪亮老师。上次听过他上一年级的课，这次听他讲低年级学生信息获取能力的培养。从课堂教学到练习，他都关注了信息的表达。如有一道题，常见的方式是学生正确答题就好，但他进行了改编，让学生用文字表达"我从图中知道了哪些数学信息，可以解决什么数学问题"。持之以恒，必将是有益的尝试。只是，这是一年级的题目，应该是口答解决。询问洪老师后确认是口答。我觉得口答是有一定的局限性的。集体回答？个别回答？同桌互说？口头提问这类问题的策略并不新鲜，是属于看起来答得不错但做起来与之前没啥变化的策略。我在想，如果变成画图表达呢？是不是更适合一年级的孩子，也能更好地关注到每个孩子信息获取能力的培养？

第三位是象山的胡海光老师,他结合角的度量讲述课堂有效体验的策略。这节课很典型,之前在上海听吴亚萍老师讲到用多份三角形纸片拼量角度,以求度量经验贯通的教学策略。但胡老师从角的生成起步,比较角的大小既可以看叉开度,也可以数大角包含几个小角,从而引向度量标准、度量方法。我觉得这个想法很有意思。林特认为,过去更多关注角该怎么度量,而胡海光更关注什么是角的度量。这一偏移是方向,概念教学将会更关注概念的生成,关注概念的理解。他指出,按这样的思路推进这节课,还需要关注1°角的体验是否到位,以及1°角放入量角器的衔接是否让学生觉得顺畅、好懂。

第四位是奉化的任宁老师。他以"圆的认识"一课阐述如何强化图形表象的教学。学生对圆很熟悉,但又对圆有很多认知偏差。他分析得很细致,展现了基于教材、生活经验、前测的丰满立体的起点分析。后续推进中,他也处处紧扣图形表象。这节课,我听他上过,课堂上能看到他的诸多思考,但整节课很满,时间较紧。对比之下,更加觉得他在文本撰写时的取点非常棒。

第五位是岱山的王肖峰老师,她谈了核心素养在课堂教学中的落实。她搜集并展示了当前各层各面针对核心素养的解释,并指出各专家的言论虽各不相同,却都有提升学生数学能力的共同特征。随后,她借助"找次品"一课进行观点阐述。借助课例,表达对一些热门的重要理论的看法,是一线教师常用的撰写方式。而课例的描述,我觉得可以进行横向的各版本教材和纵向的不同册教材中同一体系内容的对比,从学生困难点等角度入手,剖析本课需要关注的几个要点,最后提出相应的比较新颖的、有深度的环节落实策略。

此时,已经是11:45。但是,上午还有两位学员要分享自己的观点。精神充盈的时刻,大家似乎忘记了饥饿。

第六位是奉化的王婵丹老师,她从四道题的设计阐述她的命题理念。奉化的命题竞赛,她是一等奖获得者。赛前的团队研讨,我们都倾向于过程性表达检测和能力水平检测。过程与能力并重,解题与应用相联,情境与综合性信息糅合,这是命题检测的方向。只有评价转变,才能真正影响课堂教学,使之发生变化。

上午的最后一位是徐宏达老师——基于几何直观的数与代数教学。数与形,本就不可分割。几何直观的价值显而易见。他提及了数的意义表征(负数、小数的近似数、倍的认识)、数的概念、运算定律、算理、探究规律、解决问题六大块,又阐述了要培养学生的几何直观能力需要从读图、画图层面入手,需要关注方法的评议。

林特倡议大家像他一样,去做做核心词的课例,把10个核心词都做一做,这对专业能力的提升将是大有助益的。

此时,12:40,完美……

8月11日 | 舟山分享（2）

13：50，开始下午的分享。

下午第一位杨开元老师，他做的是题为"合理运用多元表征　帮助学生学习概念"的观点分享。他说这是他四次带一二年级学生的经验积累所得。素知他是个善思的人，很期待他对引导低年级学生运用动作表征、图像表征、符号表征进行概念学习的实践经验交流。儿童是如何获得数学概念的？他呈现了概念形成、同化的不同阶段。如何运用多元表征帮助学生学习概念？要延长概念学习的操作体验，要展现学生对概念的个性表征，要凸显多元表征形态的灵活转换。如果从一年级开始，就如此关注多元表征，关注多元表征之间的关联和转换，孩子眼中的数学必将丰富活泼起来。在他眼里，一年里所有的解决问题，都是加减法意义的多元表征。这种贯通，这种深度联结，不由赞叹。我自己最近也在关注表征，想在中高年级探究性作业的研究基础上关注一二年级的探究过程表达。

第二位是奉化的王来波老师。她是讲"线段"一课的磨课思考。我也有参与她的磨课过程，这节课的矛盾点我依然有印象。以往，我们高段教师执教"线段　直线　射线"一课，都觉得要利用好线段这一知识基础。从"线段　直线　射线"一课去看"认识线段"，我们都想让学生认识到线段不仅是直直的，还是可以测量出长度的，认识到有很长的线段，也有很短的线段，都希望强化学生对两个端点的认识。但是，强调了两个端点后，我课后摸着数学书封面的一条边线问学生："这是一条线段吗？"学生就认为不是，理由是没有端点。第一次磨课就华丽丽地失败了。《教师用书》上是这样写的：可以感悟，但不需要提端点。从学生的表现来看，显然《教师用书》所言是有道理的。但是，此课之后，再度学习线概念就是四上"线段　直线　射线"这一课了。所以，四上一课，需要落实加强端点认识的教学。

第三位是岱山的张娜老师，基于数感培养的数的认识教学。数的认识教学是数感培养的重要途径。她选择了整数范围进行阐述。不同年级的数的认识内容，分别关注 1，10，100，1000，10000，100000 的数感建立。然后，她描述了"大数的认识"一课的教学思考过程。

林特指出，小的数的感知策略不同于大的数的感知策略。数感的培养也不仅仅是感知，还要借助推理。大数的数感培养，应该抓住数级结构。真正的超亿大数，孩子也只能是感受到"很大很大"。

第四位分享者是余姚的朱震绯老师。她分享的也是分数意义的思考，不过，她是基于自然数的角度。友情提示：有兴趣的，可以搜索她发表的文章来看。

第五位是我，深度分享我的作业研究经验。从作业布置到作业反馈，和兄弟姐妹们聊聊家常做法。

9月1日 ｜ 意义感，来袭吧

这几天，一直想码字，却忙忙，碌碌，耽搁，又耽搁。

问自己，你知道现在几点了吗？

下午四点多了。

那我到现在为止做了些什么？学籍，插班生，各班人数调查，到银行给儿子缴费，行事历补充，梳理双周工作计划……今天，我没去过教室，甚至都不确定新接的401班的教室在哪里。

唉，一声小叹息。

暑假作业本已经由两个孩子捧过来，高高堆积在我桌上。我细细翻了两本，就知道无须再翻下去。四门课的作业综合在一本作业本上，学生负担减轻，这是好事儿。但我翻找数学作业却增了难度。明天，我要上新课去。于是，问自己，这暑假作业你还批改吗？

作业的反馈已经滞后这么久，作业的效度已经严重下降。对比之下，我觉得按我一直在做的作业超市策略去布置暑假作业，应该会更有效些。

所以，新接的班级的数学暑假作业，我就不做具体反馈了。

我要开启新的旅途。

明天上午第一节课就是数学课，大数的认识，有太多的生活经验，一起玩玩。

这学期，我想把研究思考的重点都放在课堂教学上。对话是追求的主题。当然，探究作业的实践自然并行。虽然《这样的数学作业有意思——小学数学探究性作业设计与实施》已在今年的3月份由教育科学出版社出版，成果可能会有完结的时刻，但是实践却不会止步。学生不一样，起步和发展都会不一样。怎样的不一样呢？

试试才会知道。

前几天，看到一段话，大意是，人活着活着会进入一种无意义感的状态。要想自己的教学生活有意义感，就需要一直有好奇的事物和探究的心情。

2012年毕业的孩子，有我的三年教学日志留念；2016年毕业的孩子，有我们的探究作业留影；这一届学生将在2019年毕业，我也想留下一些什么。倒不见得非要立文成书，但是，多一抹色彩，多一份意义感，整个精神世界就会察觉到喜悦。孩子们的数学学习也将跟着被丰富。

一线教师最大的优势，就是可以和孩子整天在一起。孩子们的成长力、表现力、思考力，都能带动教师的成长。每带一届班，自己的状态都会不一样，慢慢地改正一些缺点，弥补一些弱点，朝着成熟和宽容的方向前行。这份意义的追寻，不仅仅是为了提升自己的教学能力，也是在修炼为人的姿态。

10月10日 ｜ 浅浅欢喜
—— 班上的小家伙（1）

在两个课题材料上交后，又用两个晚上清了年报、跟帖等琐事，今天的自己，是浅浅欢喜的状态。

早上第一节课，先呈现作业错例，让孩子们观察为什么"老师没打'√'"。孩子们自己会指出"因为水笔作图""因为线画得不直""因为没有找到C、D点"……花了10分钟，就把积累的三份作业中出现的不规范问题和个别难题讲解完毕，然后开始学习角的分类，做了三角板拼角和图形中算角的练习。

课堂上，一直喜欢举手的孩子始终保持积极参与的姿态。今天，还听到了若天和浩阳的糯糯的回答。班上擅长表达的小男孩有好几个，这两个不算会说的，说起来还有些奶声奶气。我超有耐心地听他俩慢慢地说，很欣慰其他的孩子也都很有耐心地在倾听。心下就生了几分欢喜。会倾听，是多么重要的能力。我自己一定要一而再、再而三地提醒自己耐心倾听，用自己的耐心熏养孩子们的耐心。

楷文是个有意思的孩子，长得像奶娃娃，声音却很嘶哑。前天课上我分析展示了一些孩子的探究作业。下课后，他来找我了。"刘老师，我的探究作业能给我吗？我想带回家去补补。"哟，难道是他的作业没被展示，想做得再好些？于是，翻出他的探究作业，哇，也是三星文，一份很棒的作业，写了很多关于三线的认识。"已经做得很棒了，还想再补补？""嗯。"这样的小孩真不多见。等他把探究作业再次交给我时，我发现空余的地方已经挤满了学习这个知识后他新增的理解。心下暗叹。

倾听与反思
特级教师修炼日志

宸宇是个思维活跃、爱动脑筋的孩子，上课回答问题积极主动，但作业却常常一团糟。下课批改作业时，发现他昨晚的作业有几个地方错得特别夸张。面对一个量角问题，两个分别是120°和90°的角，他写的竟然都是20°。这已经无关技能掌握，绝对是态度问题了，得批评了。于是，点名让他过来，冷着脸说："这是什么角？20°?！这是什么角？20°?！"他小声回答着"钝角，直角"，表情有些惧意。"作业可以这样做吗？马上，去，重，做。"他马上拿去订正。这时，我发现原先围在边上的小家伙们已经逃得一个也不剩了。哈，凶一下，怕了？

改着改着，拿到一张小纸条："王威智《学习方法》没做"。正想找他问问，他倒拿着《学习力》过来了，"刘老师，我做错了。"这倒怪我，只写了"《学》P23"，他当成《学习力》了。我笑笑说："怪老师没写清楚。可是，《学习力》上的内容是除数是两位数的除法呀，你也能做呀？"翻开一看，涂涂画画，很辛苦地做完了一页除法。好家伙，三位数乘两位数的笔算还没正式学呢。"那你很厉害了哦！那这样吧，你把《学习方法》拿来，你把老师圈的这两道题做一下，好不好？""好。"我看得出他很高兴。"好像也不难的。"周围又围上来的小家伙们似乎有些不服气了。

明天，继续。

10月11日 ｜ 意外多多
—— 班上的小家伙（2）

今天，继续角的分类、量角练习加画角。

判断题，辨析了两句话。

第一句，"大于90°的角是钝角"。集体手势判断，只有茜和于谦认为是对的。我感觉到了茜发现别人都是错的手势后的茫然和慌乱，有一瞬间她"从众"改了手势，一晃又觉得不好意思，因为知道我已经看见了她的判断，她又改回了自己的第一感觉。

我索性跟她说："那我们听听别人为什么认为是错的，好吗？"等别的孩子说了理由，她微微点了点头，显然明白了。我说："别人都说是错的也没关系，你认为答案是怎样的就怎样，把自己真实的想法呈现出来非常好。哪怕自己答错了，那有什么关系，我们一起交流交流就解决了，还能印象特别深刻呢。于谦，这个问题现在你明白了不？"这娃不会胆怯，不需要"安慰"，笑一个叮嘱一句他就乐呵呵了。

第二句是"钝角是大于90°的角"。这次集体判是对的。那么，为什么"大于90°的角是钝角"是错的，而"钝角是大于90°的角"是对的？珅煜说："因为大于90°的角还有平角和周角啊，但是钝角是大于90°的。"楷文啊，晨宇啊，浩栋啊，等等，都是这个意思。

我看小家伙们基本都能理解，就举了个小例子："这个道理老师还能举个小例子来说明。杜丁一是401班的男生。对不对？对。401班的男生就是杜丁一，对不对？""不对不对。"我意外地发现他们非常兴奋，笑得全身颤颤。呵呵，这么好笑？这些孩子们的笑点咋这么低呢？

倾听与反思
特级教师修炼日志

随后进行了测量8个角的小比赛。一说以比赛的形式,量完的起立,整组量完的再坐下,孩子们的动作就快起来了,很认真地测测测、量量量。最后,统计正确率。8个角都量对的是19人,量对7个角的是6人,量对6个角的是7人,最弱的孩子量对3个角。刚念头一闪,这表现我挺满意的,却再次发现意外。咱们的佳昊"小博士"只量对了4个角,而且动作很慢。我走过去一看,有一个角是没量,总共量错了3个角的度数。被这么一关注,大家的注意力都过来了,他的眼睛都红了起来。我立马转移到下一个环节,把注意力挪窝。没必要给孩子压力,不过,有自我要求的小孩都是了不起的娃娃。

下课,批改作业,遭遇了一份奇葩答案。

作业课的时候,一起辨析了这句话"钟面上,3:30时针与分针的夹角是直角"。先让孩子们凭空说。然后实物投影了我的手表,都理解了后,问了个有难度的问题:

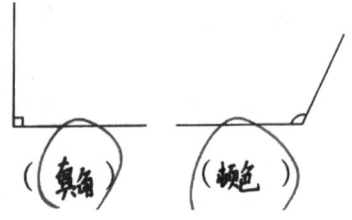

"那这个夹角是多少度? 能算出来的是高手。"我听见的第一个声音是阳的"75°"。我请他站起来讲一讲,他居然讲得又通又顺。很赞哦。

哈,每一天都是意外多多,惊喜多多。

12月26日 ｜ 坚持的人并不多

圣诞节，来到了长春。搁下孩子们外出培训一周，心下不时泛起<u>丝丝缕缕</u>的不安。

长春的大雪，令人觉得安静。

时常觉得，我所生活着的这个世界，欠缺的不是信息，不是资源，缺的是一颗能安静的灵魂，缺的是一个能吸纳的自我。当微信群越来越多，当朋友圈不花1小时看不完，当QQ群成天滴滴响，我发现，我除了手机看得头昏脑涨，除了视力模糊，并没有生成多少精神上的愉悦。

该抽身而出，才是。

把那些似乎24小时都一直有人有精力在发言的微信群、QQ群都收入了群助手——你们的世界我不是很懂。我很钦佩群里的某些人，很全情投入，但我只是一个普通的小学数学教师而已。认清自己，安守在自己的角落里活色生香地体味教学的乐趣，既是智慧长者的忠告，也是自己喜欢的静缓生长的模样。坚持……

踏过厚厚的积雪，思绪飘飞着来到了东北师范大学教育学部210教室学习。

来自教科学院的导师和我们交流课题研究过程中的一些问题。首先，聊聊课题研究的作用、意义。她讲得条理清晰。其实，让我用自己的话来讲，我也知道课题研究到底是为了什么。往好了看，如果课题做得好，自然对学校的发展、个人的发展、学生的发展都大有裨益。但大多数的课题都做得假，仅仅是文字的游戏罢了。我所研究的探究作业，我不敢妄言对自己的发展有多促进，对学校有多贡献，但是，孩子们的喜悦、孩子们的数学世界被丰富，却是

倾听与反思
特级教师修炼日志

一眼而见的,这,就够了。哪怕,只是一点点。

我想,我做的课题,一定得是我在实践中真的在做的,真的会用的,真的对我的教学有帮助的。虚妄之积,岂不过于浪费美好时光?

教育科研的直接目的是教师。教师本身教学质量和水平提高是基础,形成独立教学风格是关键,那么促进学生发展就是最终目的了。教育科研可以促进学生智力因素和非智力因素的发展。一个人格局大了,视野宽了,对发展的定义就会不同。约翰·格登,诺贝尔生理学或医学奖获得者。他在中学阶段,成绩很一般,但他特别喜欢昆虫,喜欢观察昆虫的成长。尽管他的老师认为他长大后不可能有什么大的出息,但是仍然包容了他发展兴趣。导师说,如果是中国,兴趣早就被扼杀了。我家里的乐乐,目前几乎和他一致。但将来的成就,却难达一致。他入了初中,我们传递给他的信息是:你的考试成绩还不够理想,你需要努力学习以求得进入生物研究领域的跳板。总是鼓励他,哄他,必须要辛苦这几年,将来才能从事你喜欢的工作。

上周,朱乐平老师来奉化。教研之余,就乐乐的发展给了我一番指点。很是受益,却到现在也没联系到我需要的人。前两天,在尚田喝喜酒。走出喜宴楼,就是大片的田野。"妈妈,我好久没去田里了,让我去看看。"冬天的田野,有什么好看的?我不懂大地之魅,他懂。看着他欢欢喜喜地走来跑去,我想,小乐你真幸运,你这一生,比我多了乐趣。只要有一方田、一片山,你的快乐就会无穷无尽地蔓延。一阵晃悠之后,他的手上爬了一只蜘蛛。"妈妈,这样的蜘蛛冬天难得一见,你看,很难得的。"宝,我一点都不觉得它可爱,我没觉得可怕已经是被你长久训练的结果了,可是,看你一脸的明媚灿烂,我也忍不住笑了起来。

我小时候,也去过山岗摘杜鹃花,也去过田野摘野草莓,但长大后的我,不太喜欢山野。忙碌过后的前行,那是度假悠闲的喜悦,并非对自然的真爱。孩童时没有长时间住在山野、没有爱上山野,那种生根似的喜悦便难以拥有,这绝不是后期能补上去的。

一直都知道这个小家伙是一个天赐的课题。课题研究的方向不止一个,困惑不止一个,问题不止一种。我也知道,课题研究应该从问题和困惑出发,阅读大量文献,框定思路,逐步展开实践。研究的问题一定要明确,要清楚到底要解决什么问题。但是,我却一直没有针对性阅读"如何不抹杀兴趣"的专业书籍,也没有很清晰地设定研究的思路。总是"如果这样……那么这样……"为小家伙设想了很多路径,反而模糊了研究的框架。接下来,还是要认真学习相关的新理论、新方法、新成果,提高一个母亲、一个教师的自身素质,从而让孩子和学生拥有更大的成长空间。

导师的话,到了耳边,自动转了音,变成了自己脑海中冒出的字眼。

孩子,自己的孩子,别人的孩子,都是我们愿意花一生去研究的可爱家伙。一旦研究出了成果,它的推广都是有意义的,当成"供品"就没有了价值。探究作业现在就已经通过书、讲座、网络直播,在各地得到了一些推广,很多同行在实践,在交流,算是走出了"墙内开花"的境地。这个过程,真是离不开很多人的帮助和支持,比如斯苗儿老师,陈洪杰老师,周炳炎老师……

一件事情,你坚持做了三天,那是心血来潮;你坚持了三个月,那是刚刚上场;你坚持了三年,那才算得上事业。如果你做什么事情都要求立马有回报,那这辈子就注定只能是一事无成!成功的结果人人想要,成功的路却不是人人想走。成功路上并不拥挤,因为坚持的人并不多……

倾听与反思
特级教师修炼日志

12月28日 | 我这么幸福

遇到了入冬以来长春最冷的天气，真正感受到了大东北的寒气刺骨。伙伴笑说，这么冷，为什么还能叫"长春"呢？我则忆起老妈经常念叨的一句话："今年是长春啦，要冻死类"，哈哈，难不成有关联？

这次培训，和武岭中学的毛亦飞老师住在一间房。一名高中数学教师和一名小学数学教师的同居生活，颇有乐趣。高中教学有高考的指挥棒，教师面对的就是讲题、作业、辅导、测练。每天早上6点出头就出了门，那时候孩子还在睡梦中。晚上下了夜自修，9点多，轮到值日要10点多才能回家，那时，孩子已经睡着了。而她一周至少要管理3个夜自修。所以，常常会出现三四日不曾和孩子说上一句话的状况。她们没有真正的双休日，没有完整的寒暑假。

在那样的工作状态下，哪来时间思考，哪有心情科研？休息好，享受基本的人伦乐趣，成了第一位的需求。高中教师，真是值得尊敬的群体。所以，每次的集中培训，是她真正捧起稿子准备科研的时刻。这样"空闲"的时间，何其珍贵。我看着她时时刻刻都揪心着课题能否做成。

我也不由感叹，高中教师做课题当真不易，那就更加要做那种做成之后对教学有帮助的课题，最好是去研究能提升学生成绩的方法，让自己平时教学轻松点，把时间合理置换。用科研换取时间，用科研的姿态来赢得应试。

同是教师，这是我不曾体验过的生活。

如此再看自己，教小学，真正是幸福极了的。只要自己愿意，就有时间去做一些喜欢的事情。小学阶段的孩子还是嫩芽儿，不需要分层，也没有太大的考试压力，我们就可以更多地关注孩子们的全面发展。打基础的阶段，师生之间不只有分数，教师更多的是领着孩子们在知识领域里徜徉。

这是室友的"痛苦"带给我的正能量——我这么幸福……

一起来培训的伙伴，课题的周期却各不相同。我的课题已经结题，等着完成东北师大的结题报告就行。她的课题才开题，实践部分只做到调查问卷。因为平日我也能做，我也在做，所以集中培训时，我的压力比较轻，于是想着在课余时间把手头余留的其他教学任务都做完。

所以，早上的自由学习时间里，我就完成了林良富名师网络工作室的个人总结，完成了学籍网上的期末设置，写好了1月3日晚上在"《小学教学》阅读交流群"要做的3分钟发言稿。下午，梁老师再度进行课题答疑指导。

我准备的不是要结题的课题的问题，我准备的是接下来要做的课题的相关问题。高校培训，最大的收益是文献查询意识的生成。以往，总是在自己的经验里蹚来蹚去，现在会习惯性地先阅读相关的资料，看看大家已经研究到了什么程度。其实，这话很多年前沈百军老师就和我说过，要站在巨人的肩膀上，要看看已有的材料，要了解别人已经思考到了哪里。

梁老师主要借用了崔允漷等老师的《课堂观察——走向专业的听评课》来阐述专业的课堂观察的手段。这套书共2册，我早有。粗粗看下来，竟然毫无感觉。我的知识"圈"还太小，和大师那个"圈"的重合部分几乎为零，所以才会毫无感觉。翻着书的时候，我就觉得课堂观察如此麻烦，这是想干吗呀？那还有课的味道吗？那还能好好欣赏别人的教学吗？现在想来，基于专业的听评课，有其专业的养分在——并不是说我以后就该如此听课了，但当我想要分析一节课、研究一节课时，就可以如此而行了。

从宾馆到东北师大的教室，积雪不化。每次行走，都会留影几张，算是培训生活的调剂。毕竟，我这么幸福。

倾听与反思
特级教师修炼日志

12月29日 | 当数学探究作业穿上那套叫"绘本"的衣服

那年,我教三年级。因为五六年级教得多,看见这群稚气扑面的小孩,心底一下子泛起柔软。于是,我选择了一套低幼读物——数学绘本《从小爱数学》作为他们的数学学习礼。

没想到,孩子们特别喜欢这份礼物。看着他们那么着迷的样子,我也忍不住细细翻阅这些绘本。这一翻阅,就结下了特别的缘分。这套绘本在我眼里不再是低幼读物了,成了别有风味的数学教材。原来,讲"加法"的时候,可以让孩子偷偷溜去黑暗银行;讲"小数"的时候,可以让孩子见识食神崔女士的"吃糕魔鬼训练";讲"乘方"的时候,可以让孩子瞧瞧快活叔叔的神奇面包机;讲"三角形"的时候,可以让孩子跟随魔法三兄弟一起踏上探险之旅;讲"分数"的时候,可以让孩子去大叔的比萨店里发现奥秘……

当数学知识融入一个又一个有趣的故事里,数学概念就在轻松活泼的氛围里被悄悄地诠释出来,冷冰冰的公式变得活泼起来,硬邦邦的定律也变得形象起来。更棒的是,跟这些充满童真的故事相配的,是一幅又一幅夸张可爱、色彩鲜艳的漂亮图画,数学知识就隐藏其中,浅显易懂,趣味十足。我真的很庆幸自己第一次挑选数学绘本就选到了绘本汪洋中的"珍珠"。

于是,我们急切地想读完这套绘本,就见缝插针生成了数学绘本阅读课。我记得第一节绘本阅读课,我们一起读了《谁是四边王国的王子》。我选择这本绘本,是因为当时孩子们刚刚学习了四边形,掌握了长方形、正方形的一些特征,阅读此书恰到好处。

绘本创设了四边形国王找丢失的小王子的情境。国王想通过在四边王国选最优秀的四边形的办法来找到失散的孩子。皇榜一出,各种四边形都来参赛了。

师：猜猜看，会有哪些四边形来参赛呢？到黑板上来画一画。

（孩子们兴致勃勃画了长方形、正方形、平行四边形、等腰梯形、不规则四边形）

师：到底谁来参赛了呢？继续看绘本，哇，你们猜得可准确了，来参加比赛的四边形有很多很多。国王设计了四大关，只有全部过关的四边形才是最优秀的四边形。第一关：只有上下平行的四边形才能通过。什么叫上下平行啊？

生：就是这样子平平的（孩子用两只手臂做手势）。

师：那你们觉得谁会过关呢？

生1：长方形，正方形，还有那个紫红色的平行四边形能过关。

生2：我觉得那个淡蓝色的平行四边形也能过关。

生3：我觉得那个黄色的四边形也能过关。

师：看看卫兵们是怎么检测它们的。（孩子对于平行只有直觉性的感悟，四年级才认识平行，有这样的感悟就可）你们又猜对了，长方形、正方形、两种颜色的平行四边形都顺利过关了。那个黄色的四边形（梯形）呢？它到底会不会过关呢？

生：我觉得会过关，只要把它平平地放到两根杆子中间就可以了。

师：我们看看它遭遇了什么？为什么一开始士兵觉得它过不了关，后来又让它过关了呢？

……

师：第二关：不仅要上下平行，还要左右平行，才能通过。大家先猜猜这次谁会过关。

……

师：国王设计的第三关会是怎样的？

……

一直到找到小王子——正方形，孩子们始终兴趣盎然。读数学绘本的过程中，他们初步认识了"相交""平行""平行四边形""梯形""菱形"，并对它们的独特之处印象深刻。

而我，却对孩子们的快乐模样印象深刻。

大半个学期读下来，孩子们尽管已经对其中的故事非常熟悉，但还是喜欢在课余翻阅。阅读已经饱满，何不自己创编？于是，我将绘本作业放进了长假数学作业超市。很多孩子选择了绘本作业，尽管绘本作业需要付出很多精力。孩子们最初的绘本，都是模仿秀，但当真仿得很灵气。比如周皓创编的《国王之争》，就是《谁是四边王国的王子》的姊妹篇。同样是利用过关形式来展现各种四边形的特征，但却有自己的独特理解，能让我们感受到他对各种四边形概念的深刻理解。

慢慢地，孩子们能画命题绘本了。比如，学完《三角形》单元，一起画份囊括这个单元知识的数学绘本作为周末作业；比如上完"长方体和正方体"一课，任选其中的知识点来画份小绘本……

再后来，孩子们会自由创作了。甚至，还会预习新知识去创作了，形成了探究性数学绘本。如吴嘉林创作《猫咪日记》的时候，还没学过分数的意义，绘本中糅合的真分数、比较分数的大小、分数小数互化等知识点需要她预习整个单元后才可能运用自如，创作出绘本。

每次分享孩子们自己创作的探究性绘本，都是极其开心的事儿，欣赏中互相启发。创作数学绘本需要发自内心的喜爱，只有那种喜爱才能让他们自发地静静地花上很多时间去设计、去思考、去想象、去创新。

当数学探究作业穿上那套叫"绘本"的衣服后，孩子们从最初的阅读到模仿到创编，始终热情不减，数学能力的养成在静思的那一刻，也在绘制的那一时。原本觉得数学有些枯燥但很爱画画的孩子，迷恋数学绘本；原本喜欢语文喜欢阅读的孩子，迷恋数学绘本；原本喜欢数学很爱挑战数学难题的孩子，迷恋数学绘本……

当数学探究作业穿上那套叫"绘本"的衣服后，小孩子眼中的数学作业变得更加美妙。

2017 年

2月22日 | 给孩子的舞台有多大

新的一学期,迎来了一段意外的缘分——接手607班数学,因为我校副校长履新任裘村镇中心小学校长去了。这是实小的大喜事,但对607班的孩子而言,实在不是喜事。托学校信任,我去接班,希望不辱使命。

我按例组建了607班级微信群。作为新兴的交流平台,利用得好,微信群就是家校交流的超级纽带。所有的想法、意见、意图都能透过微信群得到很好的引导和交流。

401+607,再次跨段,我这是第四次跨段教学了。这学期是可以预见的忙碌之季,我也希望自己这次能做得更好,既不让我401班的宝贝们觉得"失宠",也能让新的607班的宝贝们尽快走出"失落"。

昨夜没看微信,今早翻看,一阵满足。真是开心呢,孩子们做事越发有序了,爸爸妈妈们的支持力、凝聚力更是不用说了,一个个俨然已是我的教育伙伴。

401班的尹竹、子安、汪萱,607班的启翔、诗娴、宇佳都井井有条地上传了说题视频、上榜照片、点名记录表、每日作业单,他们的井井有条推动着整个班级数学作业的井井有条。看到鑫贝的"每日一题"本的书写甚为整齐美观,就将作业照片转到另一个数学群,用四年级娃娃的作业"刺激"六年级的学长们:请注意作业格式的规范性。

在按部就班的喜悦之外,还发现了一份"惊喜"——607班数学群里冒出了一份"每日一题反馈"。打开一看,惊叹!

2月17日~2月21日每日一题反馈

2月17日　韩信点兵问题

有一个整数,被3除少1,被4除多3,被5除少1,被6除多5,这个数最小是几？

考查：最小公倍数和文字信息的转换。看到繁杂的数据，首先要对文字进行分析，从中往往能发现奥妙！

被4除多3=被4除少1　　被6除多5=被6除少1

将数据统一后会发现：

被3除少1，被4除少1，被5除少1，被6除少1。

这样就好办了：（求3,4,5,6的最小公倍数）[3,4,5,6]=60。

（少1）60-1=59，所以这个数是59。

2月20日　韩信点兵问题

某一个两位数，加上3后被3除余1，加上4后被4除余1，加上5后被5除余1，这个数最小是（　　　）。

考查：对上几日"每日一题"（2月19日没统计反馈）的延伸。

这便是孙启翔同学2月20日为大家讲解的题目。

大致解题方法如下：

1. [3,4,5]=60　　60+1=61

2. （因为3,4,5互为质数）　　3×4×5+1=61

2月20日　积极榜（按同学们表现程度展开）

①奚翀涵　②张勤奕　③李姝凝　④张　斑　⑤周　墨　⑥张诗娴
⑦袁卓妍　⑧陈　睿　⑨张　悦　⑩邬昱同　⑪江桥道

注：此榜有可能因其他因素导致排名有不公平性（方法不同），但2月21日（包括）以后将对凑数方法退回，请大家尽量不用盲目的凑数方法，去发现题目中的奥妙（几乎都有窍门），谢谢。

2月21日　巧配浓度

一盆水中放入10克盐，再倒入浓度为5%的盐水200克，配成浓度为2.5%的盐水，原来这一盆水几克？

考查：浓度的基本概念，基本数学常识。

10+200×5%=20（克）（10：直接放入的盐；200×5%：浓度为5%的盐水中盐含量；整个算式求出一共的含盐量）

根据"溶质÷溶液＝浓度（百分比）"的基本计算公式算出总共的质量：20÷2.5%=800（克）

减去加入的东西，还原这盆水的质量：800-200-10=590（克）

注：有很多同学在最后一步还原的时候出错，要反复思考一下哦！

2月21日　积极榜（按同学们表现程度展开）

①张　斑　②施以澄　③奚翀涵　④张勤奕　⑤周　墨　⑥陈　睿
⑦李姝凝　⑧张诗娴

友情反馈　林川智

真不容易啊，川智等于是每日都在自发地记录着，思考着……划重点！自发的！我没有布置过！猝不及防地猛猛幸福了起来。我立马把文稿转到401班数学群里，跟我的这一大群"老同事"唠嗑这个事儿，理念已经跟我非常接近的妈妈们跟我一样感到惊讶和喜悦。

有句话说，心有多大，舞台就有多大。反过来，在教室里，你会发现，你给孩子的舞台有多大，孩子们的"心"就能有多大。小小的"每日一算"里，能看见孩子的责任感、做事的有序感；可做可不做的"每日一题"，锻炼着一周负责人也就是说题者的能力，喂着一群每日吃不饱的数学爱好者，也助推着每个孩子或探究或倾听交流的能力。

我们都在努力做孩子们学习的推动者，在推动的过程里会越来越快乐，我们希望看见更多的孩子得到个性化的生长，走向自我的发展，走向基于知识又在知识之上的发展。

6月14日 | 盘活启思

6月13日夜里，坐动车匆匆赶赴绍兴，为着一位师长的殷切关爱，也为着自己对课堂教学视野拓宽的期待——2017年浙江省小学数学新教材"疑难问题解决"专题研训活动。

上午的主题是整合与拓展，我瞅着是跨单元整合、同一单元例题整合、跨学科整合，三节课一个点评。

第一节：倍的认识。三上内容，二年级学生

主办方提供的材料非常翔实，不仅有详细的教学设计（含设计意图），还有1.5页的教学思考，用个流行词，这材料很"良心"。课未始，已经了解教师会关注"标准"，沟通"倍"和"分数"。一般情况下，我们都是在后面去沟通前面，比如学习"一个数是另一个数的几分之几"时沟通"一个数是另一个数的几倍"。二年级学生，要理解倍这个知识点并不容易，分数都未初识的情况下直接去沟通五下的"一个数是另一个数的几分之几"，想想就有些匪夷所思啊。先钦佩一记老师的创新胆气。

师：你听说过"倍"吗？

生1：数学作业本上。

生2：课外书上有。

生3：生活中听见过。

这一过程是探底。三个学生回答，老师的回应都是"嗯，好的，作业本（课外书、生活）中有'倍'"。没有追问，感觉没有呈现真正的探底。

随后出现2个苹果、4个桃子，让学生说关系。学生夹杂着对"倍"的猜

测,对错参半地说了自己认识到的差比关系和倍数关系。

生：桃子比苹果多2个,就是苹果的2倍。（数据有些特殊,选择不够合理）

师：哦,这里看到"2倍"了。谁能找出"2倍"？

生：桃子比苹果多1倍。（此答正确,但教师很难理答）

师：我们已经说了桃子是苹果的2倍。

随后,教师介入"告知",规范了描述,开始增添素材圈画"3倍",开始让学生根据素材图自找"倍"的关系……教学开始顺畅了起来。

然而,我却对这段开头的跌跌撞撞倍感兴趣。因为这一段是真正和学生的原初经验"短兵相接"。如果评价引导,展现的将是扎实功底,值得我细细品味。学生根据素材图自找"倍"的关系,教师提供的素材是1个香蕉、3个草莓、6个橘子、12个梨。圈一圈,写一写,谁是谁的几倍？

学生尝试后,反馈交流。交流过程中,教师很关注"标准"。学生在找标准的时候一再强调"要以少的为标准",教师认同,学生甚至归纳到"多的水果写前面,少的水果写后面""梨多写前面,其余写后面",老师表示认同。随后,老师说"以香蕉为标准,说说谁是谁的几倍",再追问"能不能以梨为标准",学生说"不能,梨是最多的,多的不能为标准,少的要做标准"。

这一段,我感到有些奇怪。

"标准"的设定,去强调"多"与"少",是否合适？在孩子的认知范围里,的确是大数是小数的几倍,但也有相同数的1倍关系啊。更重要的是,即使不能为分数问题里的"标准"做好铺垫,也不必去增加强烈的反印象吧？"倍的认识",更多的不是应该感受有这样的"几份",理解"一份"与"几份"的关系吗？

正暗自琢磨着,突然,课路峰回路转。

师：如果以多的为标准,问题就会很复杂。但我们去试试好不好？以12个梨为标准,橘子的个数是梨的几倍？

学生开始一顿乱猜。

生：2倍。

师：如果橘子的个数是梨的2倍,那么梨是1份,橘子应该有这样的2

份啊,现在呢?

生:1份都没有。

师:那是什么呢?

生:一半。

师:把梨的个数平均分成两份,橘子相当于两份中的一份,橘子的个数就是梨的个数的二分之一。

……

尽管教师借助了直观物,让一部分学生慢慢有些感悟了,但大部分学生还是有些迷茫。哇,真的好大胆啊。我从来也没想过可以这样去设计,毕竟这是一群连分数都不认识的二年级娃娃啊!不试试怎么知道行不行?这节课,此时,此刻,虽有"乱"处,但带给听课者的是猛烈的刺激、触动。

师:那现在,我们回到以小的数为标准。3个与4个,4个是3个的几倍?

生:1倍多1个。

师:5个呢?

生:1倍多2个。

师:6个呢?

生:2倍。

把"倍"跟"几倍多几个"结合,学生能直观理解和表达,感觉是一个把"倍"与"多少"融得很舒服的环节。

第二节:小数乘法。小数乘整数与小数乘小数融合

师:你会写小数乘法的算式吗?写两个,写好举手。

生:$4.4 \times 5.5, 8.2 \times 3.6$。

师:两个式子都是小数乘小数哦。谁也是这样的?

生:$1.1 \times 1.1, 2.2 \times 2.2$。

师:有没有和她们不一样,不是小数乘小数的?

生:$0.5 \times 12, 14.8 \times 23$。

师：除了小数乘小数，小数乘整数，还有其他的吗？

师：那老师也来写两个式子。3.5×3，3.5×47，算一算。

学生出来两种方法：3×0.5+3×3=1.5+9=10.5；35×3÷10=10.5。

哈，和我的娃一模一样。上周，我们学了简单的小数乘除法，孩子们就是觉得"×0.5"比较好算。记得当时问了一句"怎么能变来变去啊？确定答案正确？"刘航就回答了"积的变化规律"。这两道题目的算法算理都分析后，师生开始商量积的小数点定位问题。学生果然不知道。教师放出课件来支撑：

2.32×0.3=   0.24×0.35=

说一说：积是几位小数。

学生更加不知道了，都认为第一题的积应该是两位小数。那么，老师只能让孩子们算一算了。

是不是可以先观察已经算出来的结果，让学生发现规律，然后借助积的变化规律来理解和说明这一规律，再来试练口答积的位数？还没搞清楚积的小数点定位，就放入"0.24×0.35"这种乘积末尾有0的乘法，会不会让孩子乱上加乱？

第三节：学科整合。数学＋科学："沉浮"中的数学问题

这个课设在六年级总复习阶段，把数学知识结构中有关比的意义，表示两种量（特别是不同单位的量）之间的关系、求比值、"前项÷后项"以及有关统计的知识内容，数据收集和分析、体积的测量，排水法测不规则物体的体积等知识进行了系统性复习和运用。

作为目前就处在毕业班的教师，自认平时真不会去上这样的课。老师还给每组准备了实验用品来操作、记录沉浮。但学科整合是很有意义的，那么能否再稍微"省力"一些？比如说，既然科学课上孩子们学过沉浮，那可不可以不再重复操作？可不可以直接表格呈现科学课操作过的素材的沉浮情况，再给孩子部分体积、质量数据（可以部分实测），让孩子观察、分析，从数据展开思考去达成综合性学习的目的？

倾听与反思
特级教师修炼日志

三节课后,叶柱老师点评,他首先肯定了课的真诚和创新。的确,要在全省教研员面前呈现真实的拓创,真不容易。这些专家教研员哪个没听过打磨精巧的"倍的认识"和"小数乘整数"?这样的课,或许更具研讨意义。就像T台上模特的衣服,有些看起来"不忍直视",却在传递着下一季的创新流行趋势。这三节都不是常规课,需要对素材重新定位,重新勾画。就像叶特所说,"倍的认识"一课,本已经打磨得生动、活泼、深刻,但为了整合拓展,就需要从头开始思考。按叶特的想法,不需要拓展到三分之一,就是停留在以较大数为标准,认识到二分之一即可。是的,在夯实倍的认识的基础上,在课的尾部拓宽至以较大数为标准,发现谁是谁的二分之一,不失为一条优质的学习路径。

叶特说,倍的认识,立足课时,顺时拓展;小数乘法,着眼单元,重组例题;沉浮中的问题,跨越学科,有序整合。然而,整合与拓展是具有现实风险的:可能导致信息过剩,可能导致重点漂移……整合与拓展是需要全局思维的:规避风险,从课程宏观角度去思考拓展整合的必要性。今天我整合过了,明天我怎么上,也是个需要思考的问题。

言简意赅,触动倾听者。

齐白石说,学我者生,似我者死。我想这句话,用在上午的学习中,很贴切。整合与拓展,让知识少一些"被局限",让数学学习少一些"被孤立"。

视野的拓展,思路的启发,希望盘活自己,盘灵学生。

9月4日 | 暑假作业理一理：宝贝们，跨入501啦

从401班到501班，我瞅来瞅去，发现过了一个暑假的孩子们，个子的变化不太大。小脸也依然稚气满满。家里的娃快蹿到180cm了，瞧着不甚可爱，就私心泛滥地希望班里的孩子都慢慢长大。

一到学校，我先给作业拍照。上学期，孩子们都不太能见到我，上完课后我就没有太多心思管他们，毕竟带着的另一个班是毕业班，更揪心些。这学期，我要全副精力趴着看你们，一个个都要蹿起来才行。

这次需要我反馈的纸质作业真少。

为什么？

因为技术改变教育嘛！（这还是我名师答辩时抽到的题目呢）20个孩子暑期做说题作业，23个孩子"作业盒子"上做暑假作业，13个孩子邮箱发了数学日记。说题公开亮相，"作业盒子"自动纠批，都不需要我再做反馈。数学日记，我在双休日细细看了，陈傅宇和董书含的最为出色，修改后投稿了，在班群里和孩子们分享了，这里就先不公开了。

今天要亮相的就是比较棒的错题卡和探究作业了。错题卡，孩子们反思的基本都是期末卷的错题。探究作业一部分是"计算大探秘"，另一部分是"多边形面积"。

讲真，作业水平比寒假时高了一些，但与"高端"还有距离。每一次进步都值得雀跃。评点完作业，我准备了新学期的记录册，有我的"头像"呢。

一诺的错题卡,看得出是个用心的小姑娘。她的计算出错率很高,因此错题反思也比较集中于计算内容。

无名氏的错题卡黑白色调，页面干净。和一诺不同的是，错题的面很广，各类题都有；相同的是，两个孩子都没有涉及错因分析，都是"题目摘录—错解—正解"，花瓶式摆放。嗯，这可能是我上学期强调得不够多的缘故。

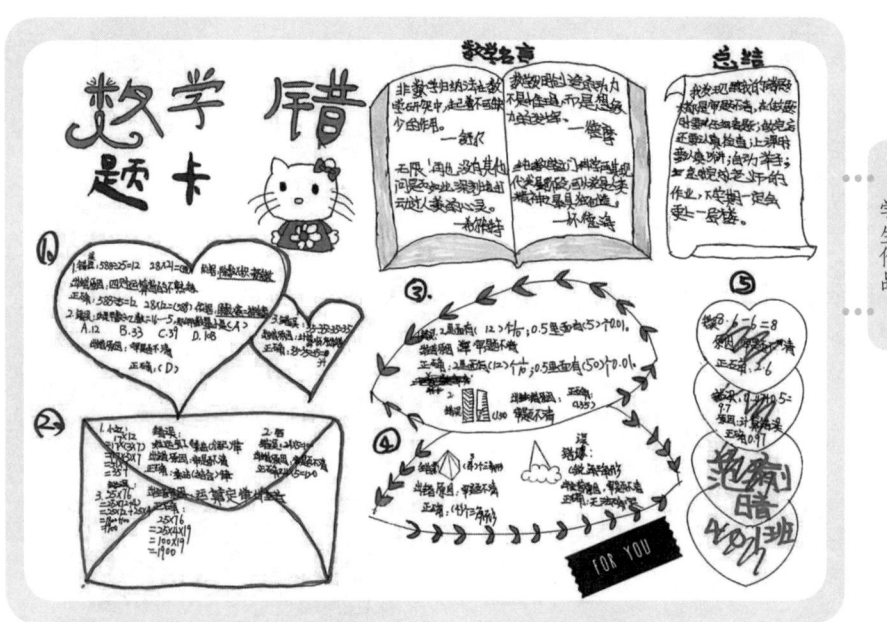

晴是个很爱动脑筋的娃,胆子也挺大,作业的味道也相对"开朗"些。错因分析是关注到了,但是"审题不清"占据了大多数的错因,过于简单。应该要细细分析原以为题目是什么意思,可能是忽略了什么,理解错了哪个词,没注意到什么,题目的实际意思应该是什么。

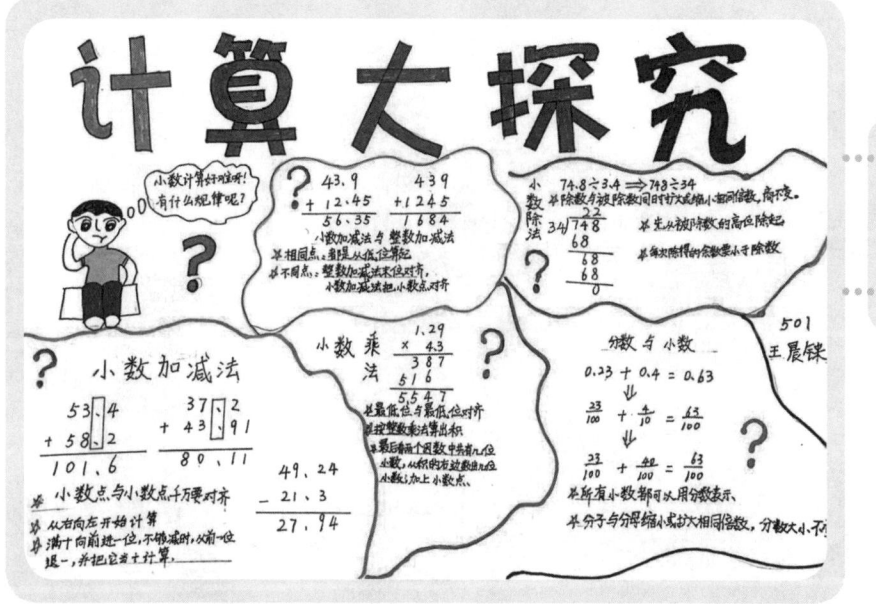

晨铼把小数加减法、乘除法的算法都做了归纳,还分析了分数与小数的关系,这么一来,分数加法也容易算了。新知识和旧知识之间,就是有那么一条关联着的道儿,摸准了这个道儿,学数学也就容易多啦。

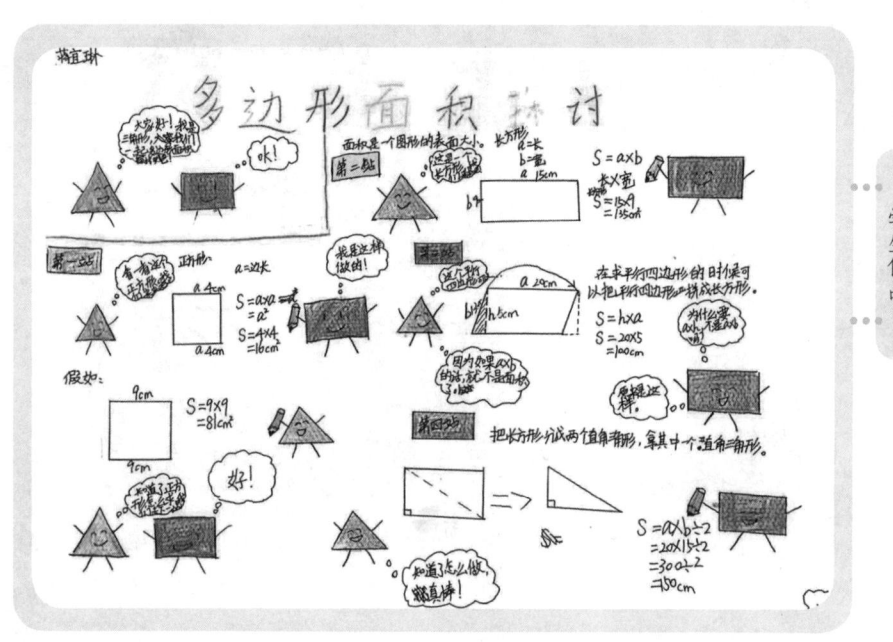

宜琳的构思比较巧，对话形式。平行四边形面积的推导过程和直角三角形面积的推导过程都展现了她的个人思考。

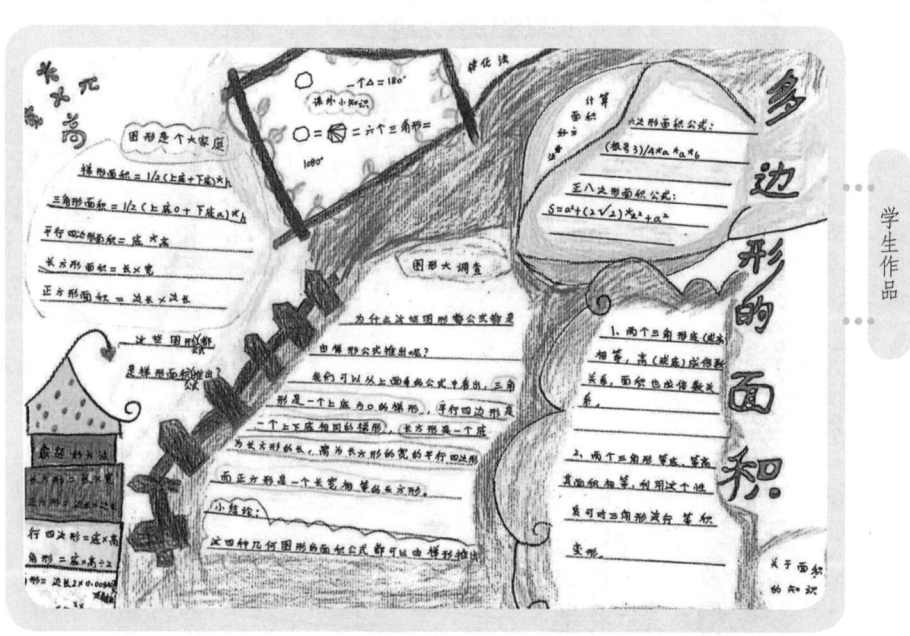

若天强调了转化法,这个"为什么这些图形公式都是由梯形公式推出呢?"的设问段落,很显数学功底。其他的孩子们能看懂吗?赶明儿让他把我们都说懂。

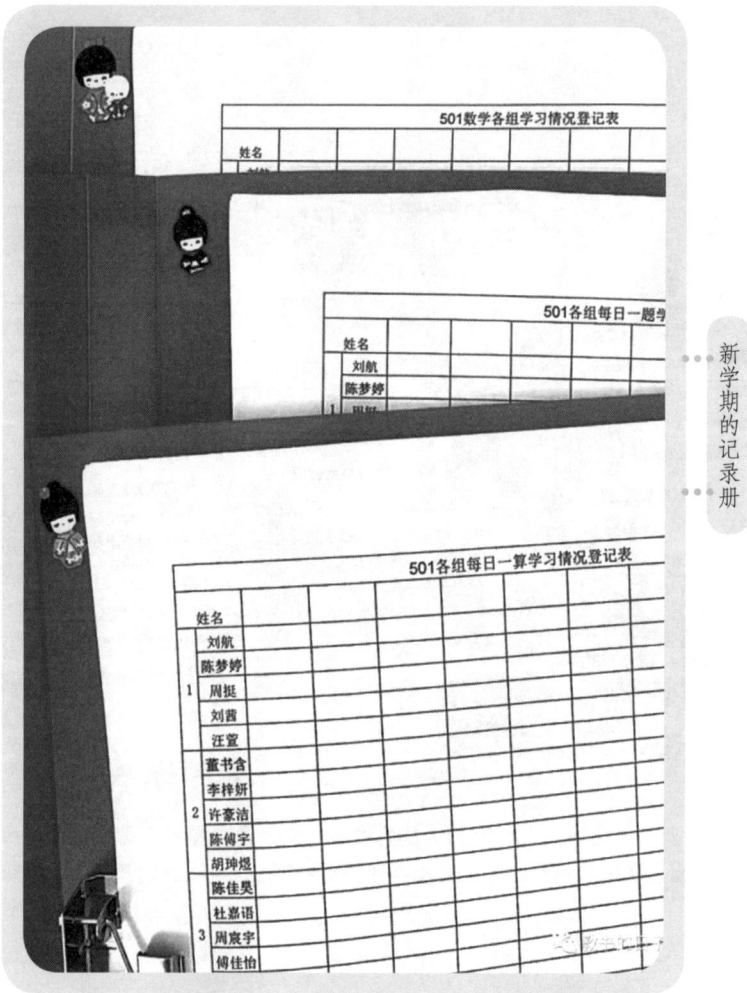

新学期的记录册

9月5日 ｜ 我的小日子

语言是思维存在的家。

教书的日子，丝丝缕缕琐事浮光掠影，语言让它有了更多的安定感。

今天，是一个非常普通的小日子。

早上，和纯朴交流了一下她的课例，我觉得"接纳"可以作为核心词提炼；和陈东萍交流了一下他的课题构想，我觉得"小一些""操作性强一些"可能会更有研究价值。简单聊聊后就去教室上数学课。

这两天我们学的是小数乘法。探究的时候，孩子们说的那叫一个精彩。整数乘小数的意义能说得头头是道，算法也说得清清楚楚，一落笔，顿时……我就只能呵呵苦笑了。孩子们的主要错误还是集中在积的小数点定位上，至于三位数乘两位数的笔算技能不到位，且做另算。于是，分两步练习技能：一是利用《口算训练》进行积的小数点定位强化，二是利用板书演练、分组竞赛强化笔算技能。

突然想到下周的"每日一算"和"每日一题"又可以申报了，我让若天记录一下，场面很火爆。我只好说，就先记录这些吧，轮完再报。

每日一算：毛浩栋、李家乐、周挺、王晨铼、竺鑫贝、汪婧、毛楷文、王一诺、周宸宇、杨于谦；

每日一题：范瑜晴、竺鑫贝、杜丁一、王鑫阳、杨于谦、陈傅宇、周宸宇。

一看名单就知道，挤到了的娃，索性多报了些。反正这学期很长很长，就依了你们吧。

回到办公室后，我往教育网发了一条信息报道等待审核，又办理了一个学生的转入手续，修改了"为幸福奠基"的征文稿，半天时间就过去了。

倾听与反思
特级教师修炼日志

为了配合笔算技能训练,这两天下午上课前,我都提前半小时到教室面批两列口算。

改口算是个很有趣的过程。

因为速度差异,一开始孩子们是三三两两地上来,但慢慢地,孩子们就会扑上来排成长队。这种排队的等待不仅影响我的效率,对孩子们来说也是过于无聊的等待,还容易滋生嘈杂、打闹。订正完毕和全对的娃,我都会在记录本上做好☆或△记号。我就瞅瞅本子上谁完成了任务,喊"某某你把某某的口算对出来哦"。被点到名字的娃,立马拿出红笔开始对照着自己的本子进行批改。随着做完的孩子越来越多,小老师也越来越多,每人帮着对个一两本,效率就大增——但是所有的订正都由我批改。一切井然有序地进行。当然,个别娃的作业我也会自己盯着改,比如昨天错得多的,比如作业有时会敷衍的。半小时时间,还是会有五六个娃无法交付作业。

下午,还有四个小小的目标,一是做好9月8日区科研会议的发言课件,二是修改一组论文稿子,三是完成作业课,四是微信小梳理。

9月6日 | 小惊喜+小无奈

昨天的微信留言以询问"每日一题、每日一算怎么操作"为多,今天我就再念叨一遍。

摘自我的一篇文章——

"小量恒定"作业:关注两头尖学生的成就感

"小量恒定"就是每天一点点,每天都要做,分为"每日一算"和"每日一题"。"每日一算"是每天两道计算题,全体学生都做,目的是夯实计算技能。"每日一题"是每日一道思考题,可做可不做,主要用于激发学有余力学生的解题热情。

1."每日一算"的布置与反馈

连续一周没有出现计算错误,就可免下一周的每日一算。可在封面上写上"免( )月( )日—( )月( )日",既有利于收点本子,也是在封面记录了学生的计算"荣誉"。"免"越多的学生,一定算得越出色。小小的肯定,让学生收获了成就感,也留给完全掌握计算技能的学生更多自主空间。

"每日一算"和"每日一题",每周都各有一个负责人。负责人不是教师指定的,而是由学生积极申报而定,每个负责人要主持好一周的"小量恒定"作业的布置、批改和反馈工作。

"每日一算"的题目,一般由教师划定范围,如两位数乘两位数笔算,负责人出相关的具体计算题。班级可以设一本作业记录册,完成的学生就在该栏的名字旁打钩,便于负责人了解本组学员完成、订正作业的情况,确保"一个都不能落下"。

2."每日一题"的布置与反馈

可在黑板边侧开辟"解题成功榜"。解答成功的前20名学生可以光荣上榜,用粉笔写上自己的名字。这并不算是很强的成功刺激,但学生十分在乎。学生一旦通过作业的解答产生满足、快乐、自豪等积极的情绪体验,产生"好了还要更好"的自我激励、自我要求的心理,这一心理就会成为促使其进步提高的内部诱因。

教师一般会提前一周确定"每日一题"的具体题目,负责人提前完成这组题目,若有不懂,教师要予以细致讲解。"每日一题"的题目和"成功榜"上榜名单,每晚由负责人上传至班级数学微信群。负责人还要上传小视频,在微信群中讲解"每日一题"的解答思路。借助反馈平台进一步培养负责人的说题能力。

教育是件复杂的事情。可以跟我一起做,但一定要基于自己的学生。即便是我自己,今年做的也一定和去年不一样。

早上第一节是数学课。我们进行小数乘小数的练习。其中,有一道题是"判断积是否正确:$3.2 \times 2.5=0.8$"。孩子们说了自己判断的理由后,我问:"那么正确的结果是多少?"因为简单估算后就能知道积比6大,所以孩子们大声说"8"。我说:"猜得很有道理,那么你们能不能不通过笔算得到这道题的准确结果?"

惊喜,就这样来了。

刘航上来边写边说:"3.2×2.5,看成32×25,25喜欢4,把32拆成4×8,很快得到结果800,最后缩小到原来的1/100,就是8。"小伙伴们给了热烈的掌声。

佳昊马上举手,"我还有不同的算法。3.2先乘1的一半,那就是它自己的一半,就是$3.2 \div 2=1.6$,然后$3.2 \times 2=6.4$,再$1.6+6.4=8$。"他讲完,小伙伴们摇摇头说听不懂,好麻烦。

小家伙的信息量比较大,路子比较深。于是,他只能再说一遍,我也开始辅助。

佳昊：3.2先乘2.5中的0.5，0.5就是一半的意思。

师：他是把2.5分开了，分成了2和0.5。

佳昊：3.2的一半，就是3.2÷2=1.6。

师：这句话什么意思？假设是整数4，求4的一半，式子怎么列？还可以怎么列？（4×0.5=4÷2）乘法与除法之间也有关系。那么，3.2÷2还可以写成？

生：3.2×0.5=1.6。

佳昊：然后3.2×2=6.4，最后加起来，能听懂了吗？

生：听懂了。

师：仔细看看，佳昊的方法是不是有些眼熟？（把"3.2÷2"改成"3.2×0.5=1.6"后，孩子们就觉得懂了）

生：乘法分配律。

师：那么，刘航的算法运用了什么？

生：乘法结合律。

这一段对话，是我的小惊喜。

9月11日 | 作业

—— 你好奇孩子眼中的数学吗

你好奇孩子眼中的数学是怎样的吗？我也很好奇。那就动笔写一写、画一画吧。

孩子问，是数学，还是数学老师呀？

我说，随你理解吧。

嗯，分数、测量、价格、游戏、新闻……生活与数学密不可分。

数学是公式，是常识，是奥秘，是伟大的数学家。

数学，很有用，但我需要"吸星大法"。

数学是从数学老师那里蹦出来的各种知识。

数学是解题，有好多的解题方法。

数学是购物，是花钱。

数学既有趣又有挑战性。

数学是各种计算，数学里有无穷的秘密。

数学是一个王国，有数学老师，有数学知识，有数学历史。

数学的根是加减乘除，根上长出了各种知识。

数学，在生活里，在游戏里，伴我们成长。

……

你们眼中的数学，有我熟悉的味道，也有我不曾预见的风景。

而孩子眼中的我，是给我的节日祝福。

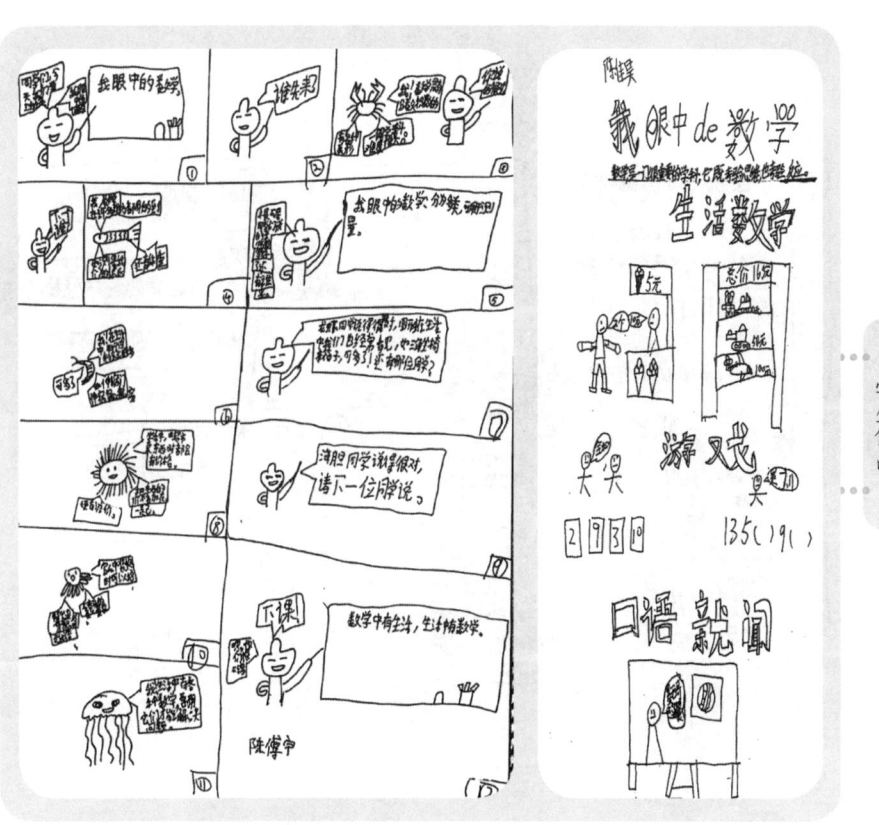

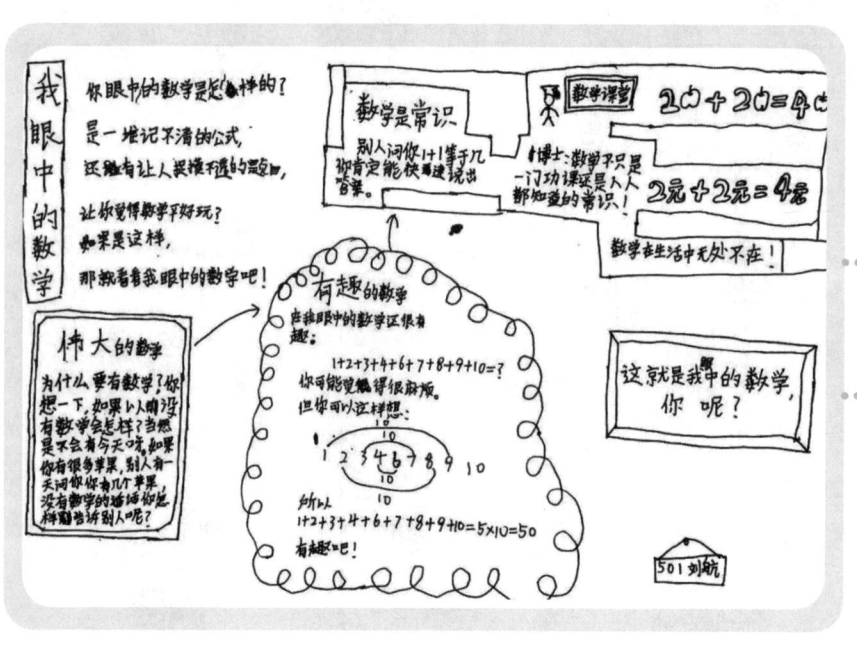

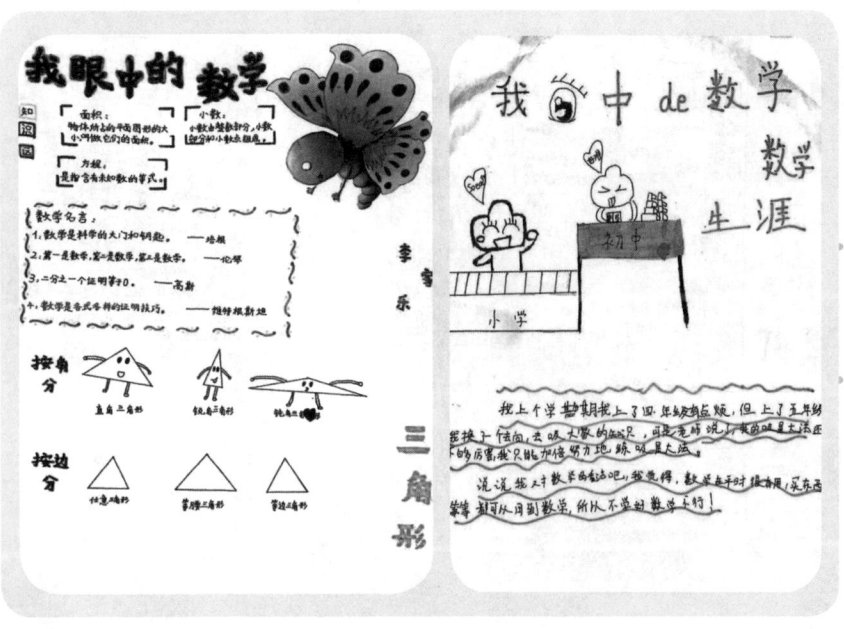

9月20日 | 一群作业研究的同盟军

我有幸得编辑信任，出过两本书。

于是，偶尔就会有读者来QQ留言，和我交流一些想法。

而这两位读者，不仅和我交流想法，还亲自实践、研究。一想到自己的作业研究能推及全国各地，有好多小伙伴在受益，心中泛起的竟全是感动。

上海的张老师，用的是上海版教材，她在尝试探究作业的时候，被孩子们的作业惊艳着。

四川的张老师，竟然发我一个大大的作业研究包。阅读、实践、整理，都是她自发自愿地去付出精力。感动她的认可。更感动的是，她还将宝贵的实践材料主动打包发送给我。张老师，让我们携手同行。

倾听与反思
特级教师修炼日志

今日已经是负荷满额的感觉,但我还是码了这篇简单的小文。一来是想跟两位张老师、跟探究作业群的几百个老师、跟"教书的日子"公众号的几千个关注者、跟一路支持鼓励我的人,好好地说一声"谢谢";二来,算是我的一个"执念"——当我觉得日子匆忙有些无序的时候,我就特别想要给日子记一个流水账,借助文字把日子有序地架起来,给内心带来更多的平静。不知道这是不是一种心理学上的自我疏导?

9月25日 | 作业
—— 小数除法说妙招

12:00开始要开会,紧接着教科室来进行开题、结题指导。我还有这十几分钟时间。

探究作业收40份,8份被评为三星文。相比两星文,三星文在归纳抽象层面、逻辑条理层面上略胜一筹。

比如:萱萱说,找对了方法,小数除法轻而易举,她把方法说得非常清楚;豪洁分三个板块讲述小数除法的算法,有算理,有方法,有归纳,很棒;梓妍的作业总是干干净净,过程、问题、方法,分块描述,一目了然;晴一贯条理清晰,她的自问自答"我是怎样想的?""我是这样想的!"是一种很好的解说方式。

时间到!

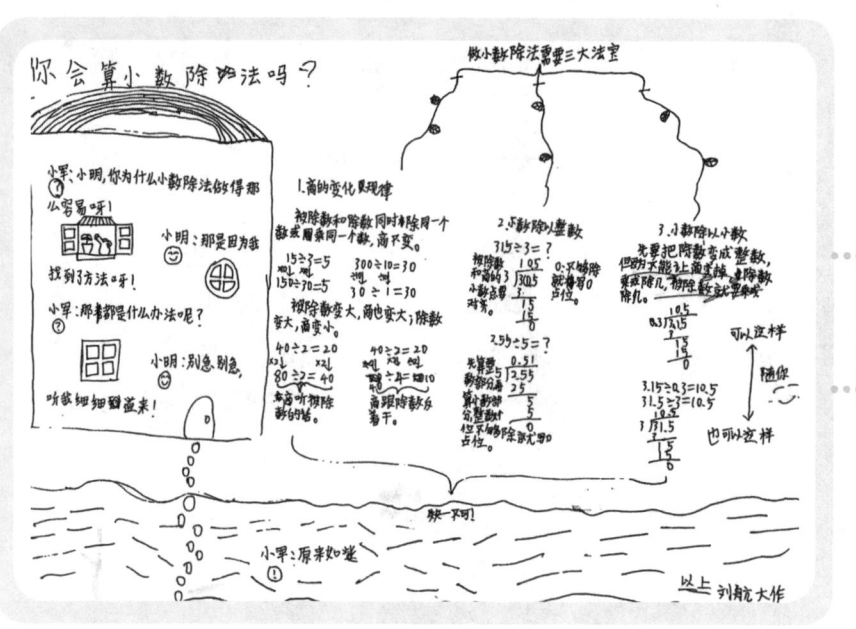

刘航抓住了几个关键点,从商的变化规律切入,细细分析,将算法表述得很清楚。

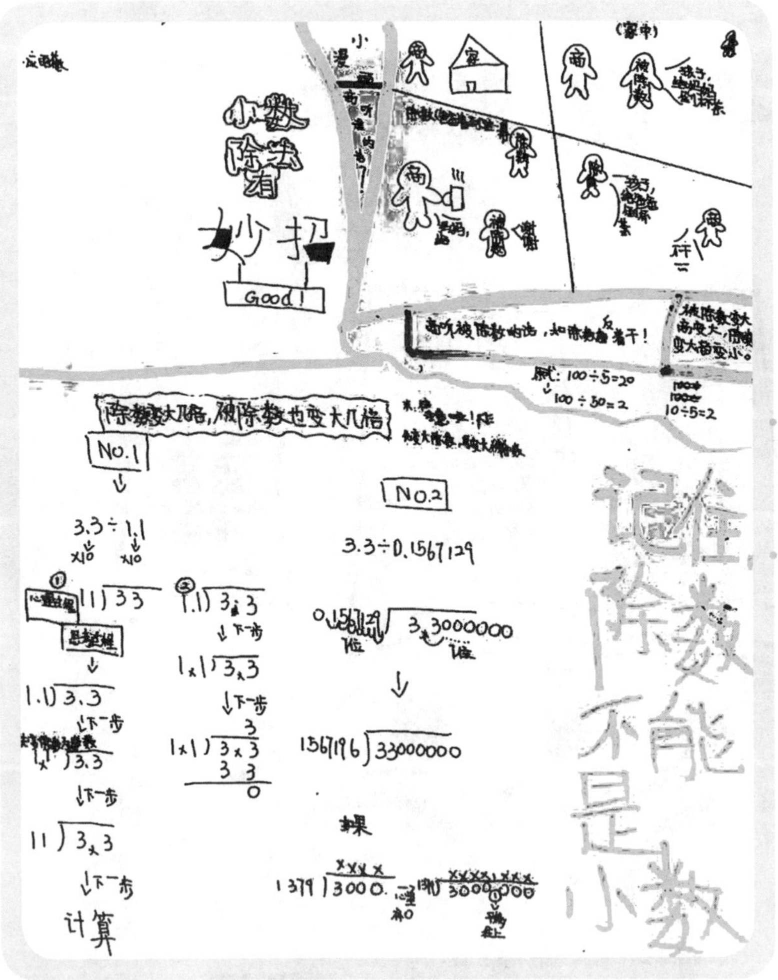

雨薇的卡通小故事很有意思。心疼可怜的爸爸两秒。别出心裁地用"心理过程""思考过程"将整个笔算步骤呈现了出来。

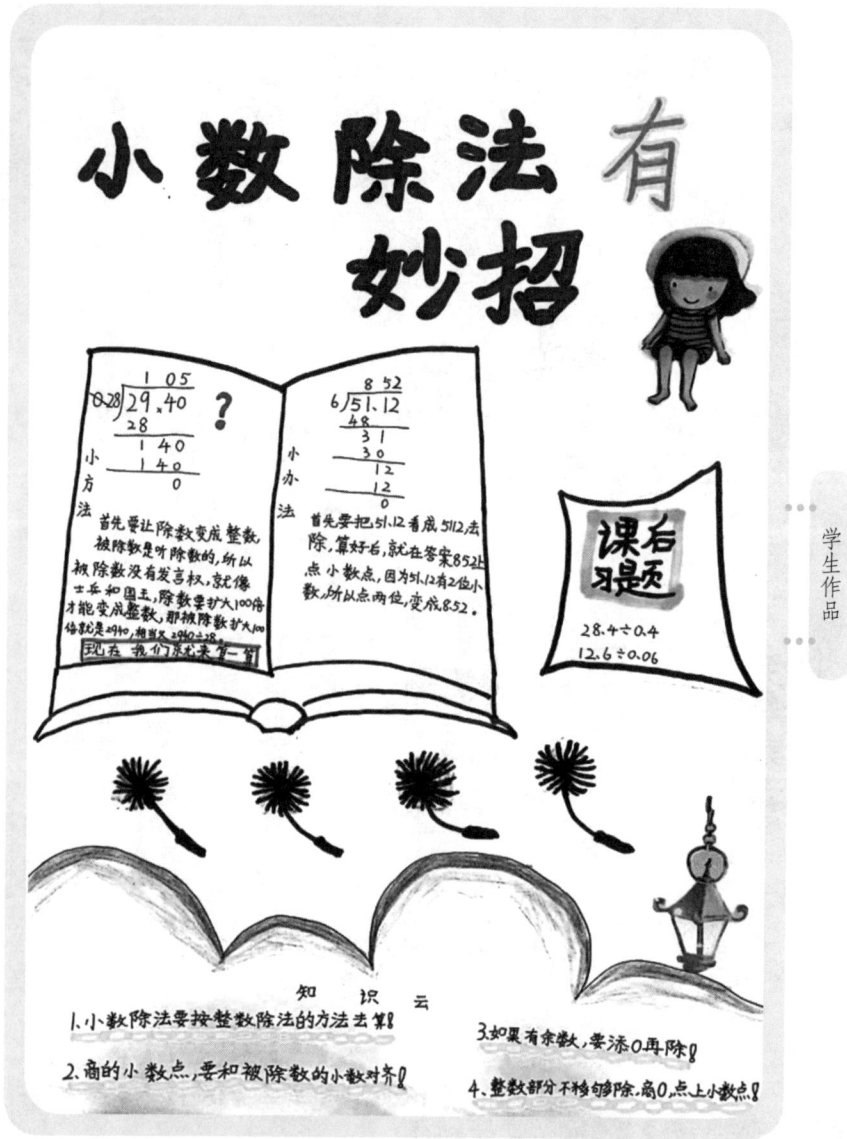

无名氏利用"士兵与国王"的故事记清楚了小数除法笔算的关键点,"知识云"也归纳得很到位。

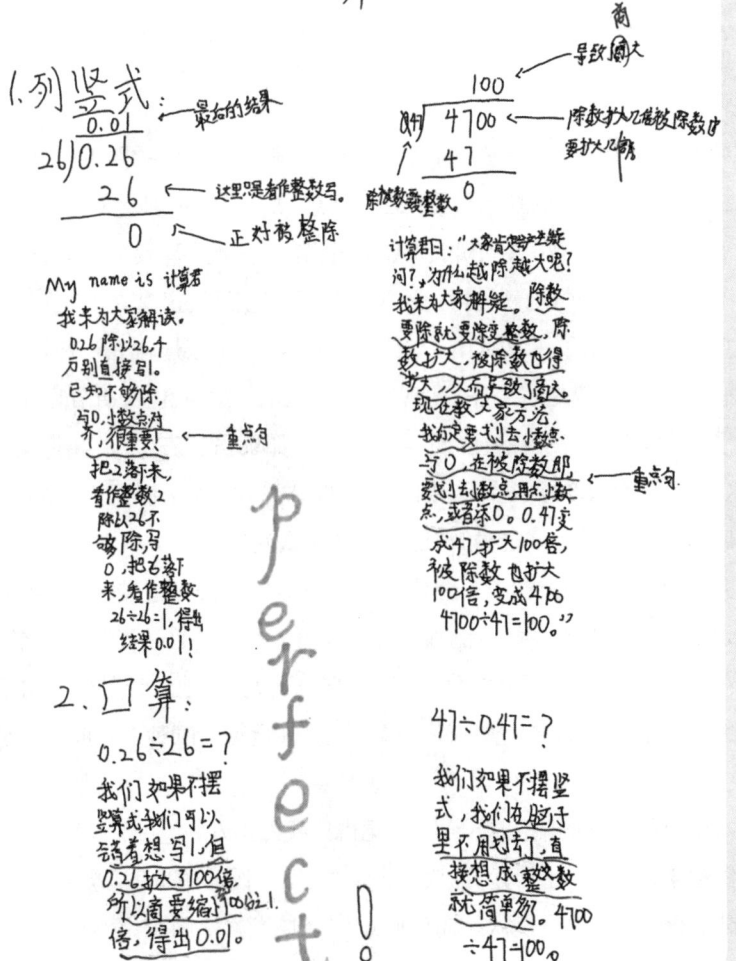

我被计算君的"重点句"萌到了。

倾听与反思
特级教师修炼日志

10月31日 ｜ 听一番闲言碎语，君可有收获

前些天，去听宁波市优质课。看到余姚毛亚峰老师的拍照上传技术后，对自由挪动、缩放图片的技术很是兴奋，想想一定很难掌握。于是一旁的乐静就教我应该手机下载"移动讲台"App，电脑登录宁波智慧平台下载"教学助手"。剩下的，自然归自己摸索。回来一试，真有意思，很喜欢。

这两天，我的脑子里又冒出一个想法：明年申请当班主任。于是，每天空了，都会想，如果我是班主任，我现在应该在做什么？我已经有五六年没当班主任了，我现在还有没有激情，我会不会烦？如果当了班主任，我将比现在要辛苦，我能不能调剂好，能不能如当初那般感受到美好？但无论怎么想，都会和实际有差距。只有试过，才知道到底是什么滋味。

这几天，跟孩子们推荐了一个公众号——数学与思维。张新春老师，为了教自己的女儿学奥数，竟然能独自完成这样一份"奥数教程"，除了钦佩，不知还能说啥。我看了五上的第一课"牛吃草问题"。他的课件制作得非常生动，配合清晰的语言描述，如果你愿意听，效果绝对可以秒杀一般的培训班学习。

每次翻看同事做的微信公众号，都觉得比我做得好看，心下很是羡慕，又想可能做起来很麻烦，还是算了，就老样子"文字+图片"算了。今天，突然萌发了斗志，想学学，于是发微信向邬同志询问技术。邬同志说你打开"96微信编辑器"就可以了。剩下的，自然也归自己摸索。成果如何，待看效果了。

很多事情，不试试怎么知道自己行不行。这是颠扑不破的真理，也是老掉牙的故事话题。很多坚持会带来喜悦。很多强迫，很多无奈，有时也会转化成意外的惊喜。

11月5日 | 有时,我想不明白

给颈椎点上艾炷,整个人都热络了起来,想着码一些字。

任务又越积越多,好在我已经逐渐适应,颇有"债多不愁"的风范。还是想记些个和孩子们有关的小事儿。

1. 读十几遍,才读对,why?

小煜同学有道题一直不会订正,放学后来到了我的办公室。

小煜:刘老师,这个我不会。

刘:嗯,那你这个0.6是怎么算出来的?

小煜:不知道。

刘:那你把前半道题目先读一遍吧。

小煜:一个正方形的边长为 a 安母,它的边长是几安母?

刘:没读对,再来一次。

小煜:一个正方形的边长为 a 安母,它的边长是几安母?

刘:一个字一个字,读仔细,好吗?

小煜:一个正方形的周长为 a 安母,它的边长是几安母?

刘:这个安母,是长度单位"米"。再完整读一遍。

小煜:一个正方形的边长为 a 米,它的边长是几米?

刘:再读,看仔细。

……

(十几遍之后)

小煜:一个正方形的周长为 a 米,它的边长是几米?

刘:正方形周长知道了,边长会吗?

倾听与反思
特级教师修炼日志

小煜：周长÷4，那就是$a÷4$。

刘：看清题目，题目读仔细多重要啊，你明明就会做。那这个0.6怎么来的，想起来了吗？

小煜：嗯，$2.4÷4$，我主要是把m也当成了字母，就搞不清了。

五年级的娃为什么会这样？我想不明白。我让他读题，本来是想等他读完后问他"正方形的周长，是指哪里？描一下。周长知道了，怎么求边长呢？"如果他还是不能回答，我就打算问"正方形周长是8，边长是？周长是20，边长是？周长是1.2，边长是？周长是a，边长是？"

怎么也没想到，他把"周长"一词读正确足足用了十余遍，为什么会这样？他知道已知周长怎么求边长，哪怕周长是用字母表示的也会，就因为把"m"这个"米"的字母写法当成了未知数"安母"，所以就不懂了？那么，不涉及字母运算的"0.6怎么来的"这个问题为什么他也无法表述？很难想明白。

订正一道小题目，再次感受到读题和审题，也就是阅读理解能力的重要性啊。语文和数学，是互相促进的关系，是互相扯拉的关系。一门强起来，说明另一门会有极大的提升空间，如果一门一直弱，也会拖累另一门。

2. 上课的纪律，不好？

昨天我不在，外校老师来试教。孩子们表现得异常兴奋。老师上完课跟我说："纪律很差，差点发火了，聪明的孩子挺多。"这个形容，用在上一届的学生身上，我觉得很符合。但是，这个班的孩子胆子比较小，比较乖，大胆举手展现"聪明"的娃比较少，像书含、子安、雨薇基本都不举手，得直接用眼神"命令"他们起来回答问题。

这让我又有些想不明白。我不在现场，无法观察。只能问问孩子们了。

刘：上课纪律不好？怎么回事？

生众：谦！

刘：你在吵闹？

谦：我……老师让我们用一个工具画圆，一根线和钉子那样的东西。我就说"现在谁还会用这种东西画圆啊"。

刘：你会说这句话，说明你认真观察了工具，并有了你自己的想法，这点肯定是好的。但你有了想法，课堂上，你可以站起来清楚地质疑，可以举手表达观点，可以在相互交流的时候跟伙伴提出来。但你没有。如果我们不能学会听别人怎么说，而是自己想说就说，那等于每个人都可以只顾自己讲，谁也不听谁的，那讲的人也就都白讲了。

这个环节是外校老师上课的引入部分。很好，被他"嘲讽"了。

想必，课初一阵哄笑。而这句话恰恰又有些道理，老师肯定不会直接否定，不会直接批评，或许还会用上他这句话往后推进。得，估计大家觉得质疑有趣，就更加"得意忘形"了。

我这两天正在看佐藤学的《教师花传书》，里面倡导的就是要让学生畅所欲言。能畅所欲言的教室才是润泽气质的教室，但所有的畅所欲言要既建立在安全平等的环境里，也建立在会倾听的习惯上。

11月8日 | 第三次论坛

这是我第三次参加论坛。取题为"遇见一段花传书：以研究的姿态"。

风姿花传，初见这个词就觉得很有诗意：风是没有形状的，无法抓住，也没有办法描绘它的形态，但是当风吹拂花朵，当花朵随风飘零的时候，我们不是借助于花朵儿感受到了风的存在吗？许多无法言传的东西，恰恰是借助于一些有形的事物去传递的，这种"无"与"有"的关系，大概是东方文化最有魅力的地方了。

教师的生长，其实是无形的、内隐的东西，它需要借助有形的平台去推进，需要借助有形的荣誉去呈现。而高端班，就是一个有形的、有力的成长平台。

那一年的我

2014年9月，第二届高端班启动。能加入高端班，源于我也拥有一些有形的东西：2014年4月，我刚评上宁波教坛新秀二等奖；5月，《爱上我的课堂》出版；6月，该书入选"2014年度中国影响力图书推展·第贰季"，成为上榜的20本教育类书籍之一；7月，课题荣获奉化区教育规划课题一等奖。

那时的自己，似乎已见花开，自在自得。

步入花传之旅

一进入高端班，首先就能拥有自己的教学导师。我们小数组有了著名特级教师林良富做导师。师傅是奉化人。高端班之前称林特，高端班之后就可以称师傅了。师傅是个特别全面发展的人，课题、论文、课堂、著作……各类荣誉等身。我们幸运地迎来了林良富师傅的多番课堂点睛。第一次课堂点睛,是我们高端班小数三人分别执教"圆的认识""圆的周长"和"圆的面积"。师傅从单元整体性教学的角度做了点评和讲座引领。

【花传无声】上一节课不仅是看一节课,更是明晰一条线,把握一种视角,研究属于自己的味道。

高端班期待培养的教师是专家型教师,希望我们的成长是丰满立体的。师傅也让我参与名师工作室的论坛和观点报告。我的第一个为时40分钟的学术讲座,就是师傅带我去慈溪白云小学做的。我非常认真地撰写了8000多字的文稿。8000多字,背不下来,只好拿着纸稿一页页读下来,播放课件也手忙脚乱。而随后师傅做了一个半小时的讲座,激情四射,还互动热烈。这强烈的对比伴随着手把手的指点,给了我极大的启发。之后,我也学着定思路、明框架,用课件来推动讲座内容的展开。如今,我在浙江省中小学作业改革研讨会主会场、浙江省"疑难问题解决"专场、千课万人、海峡两岸"核心素养"研讨会、上海新经典大讲坛以及浙江湖州、江苏泰州、广东广州、浙江绍兴等各级教研平台上做讲座时,都能舒展地表达自己的观点。

但我还记得师傅当时安慰我的话,他说:"从讲的角度看,你自己也清楚有需要改进的地方,但是你做的探究性作业很好,我觉得很有价值。你不要停留在描述性的撰写上,要从科研的视角,从课题研究的角度,把思考深化下去,提炼出更大的成果,要做深入研究。"

【花传无声】要清楚自己的弱项,针对性改进;要洞悉一件事的价值,寻求深度研究的方式和视角。

以科研的姿态去寻求新的成长。我想这是师傅更大的期待。

在这之前,我通过日志的形式,将孩子们的高频错题和有趣的探究作业进行展示。我只知道孩子们很喜欢做我设计的探究性作业。有时候,没有布置探究性作业,孩子会跑过来讨问:"刘老师,怎么还不布置作业呢?"我能模糊地感觉到孩子们做了后,学习成绩好像也有提升。但支撑这份喜欢和成绩的道理是什么?探究性作业的研究意义是什么?我没有深入思考过。一线小

倾听与反思
特级教师修炼日志

学数学教师如何把教学中的实际问题提升为教师研究专题？这一历程艰辛，但又弥足珍贵。我们只有从改变自己进行突破，才能实现学生和教师的共同成长。

我首先追寻的是探究性作业的内涵，包括它适用的年级、作业的类型、作业的体系支架等。儿童的探究，不同于学术上的探究。儿童的数学探究，是他们用自己的语言、用自己的图示去思考、去发现数学奥秘。而将这一过程详细地描述下来就成了一份有意思的数学探究作业。一线的研究，也不同于教授大家的研究，更多的是依据教学经验而衍生的"自圆其说""自得其乐"。其次，我研究了探究性作业的实践策略，涉及作业的布置时机、指导策略、评价策略，以及课堂教学中如何与之契合。将设计好的探究性作业付诸实践，就又钻入了修改、提升、指导、评价的轮回里，这个轮回里一定有很多环节要串接，有很多细节要关注，积累下很多实践经验。我较为系统地梳理了大量的3~6年级探究性数学作业的实例，给日常留作业的形式赋予了新视角。此时，整个研究已经有了一定的模样。

我在自己的一方天地中感受到了研究过程的幸福。虽说研究的成果能带给人欢喜，但是研究过程中持续不断的愉悦感才能带来充沛的思考动力。

高端班学员每学期都有一周时间进驻师范大学，聘请高校教授做我们的理论导师。我在和教授经过多番的交流、研讨后，最后提炼出了"高阶思维"这一核心词。课题"发展高阶思维的探究性数学作业的实践研究"，真正瓜熟蒂落，结题后荣获浙江省教育规划课题一等奖。看得见的荣誉背后，是看不见的导师们的悉心指点，是奉化区教科所专家的针对性跟进指导。

在研究课题的过程中，我还有大量的数学论文发表在核心期刊上。同时，《这样的数学作业有意思——小学数学探究性作业设计与实施》一书由教育科学出版社出版，并获得了入选2016年度"影响教师的100本书"的殊荣。这一系列的文稿撰写，使我在理论层面也得到了极大的锤炼。

【花传无声】一线教师的研究无须高远，一定要做踏实服务于自己日常教学的研究，那才有乐趣，才会有成就感。

2016年6月,我评上了宁波市学科骨干。2017年6月,我评上了宁波市名教师。2017年9月,我进入宁波市领先与拔尖人才第二梯队。

"若能将此花,由我心传至你心,谓之风姿花传。"这是《风姿花传》中的名言,也是高端班导师们的真心赠言。

最后,我以导师林良富老师的一段话结束我的发言——对于一个立志要成为名师的青年教师而言,他常常苦恼于缺少各种"登台亮相"的机会,一旦有了这样的机会,他就期盼自己能"一课成名",否则就觉得永无出人头地之时。其实,成功的种子就在他自己的身边。他需要机会,但更需要积累。积累比机会更重要。把对教育的爱、执着、困惑、幸福、方法、技巧进行思考,并把它们一点一滴地记载下来,成功就在你的手上。做小的事情,得大的收获!

感谢高端班的三年教导,感谢这一段遇见。

是真的感谢,发自内心的感谢。

11月12日 | 作业
——"代言"方程不容易

上周学完方程的意义，很幸运地看到了一篇文章。文章表达的意思大概是，孩子觉得方程难，不喜欢，可有法子解？是否可以在学习了用字母表示数与数量关系之后，先学列方程，再学解方程，把方程分开了学？我觉得很有意思。要这样试试才好。嗯，就这么愉快地决定了。

上完课，我让孩子们给方程做"代言人"（探究作业要求：通过今天的学习，你对方程有了哪些了解？请为方程"代言"）具体代言什么，代言哪些方面，我没有要求。没有要求，其实是最高的要求，也是最透明的课堂学习反射镜。

孩子们的代言方向大致可以分三类：一类是从方程概念进行述说，可称为"概念版"。一类是以故事方式，可称为"故事版"。故事版充满创意，能看懂的都是懂创意的人！创意最美丽，让孩子自己去捕捉美丽。还有一类集中描述方程如何解答（我发誓，我在"方程的意义"一课中，真的没有讲方程怎么解。说明，这是原初经验），这一类可称为"求解版"。

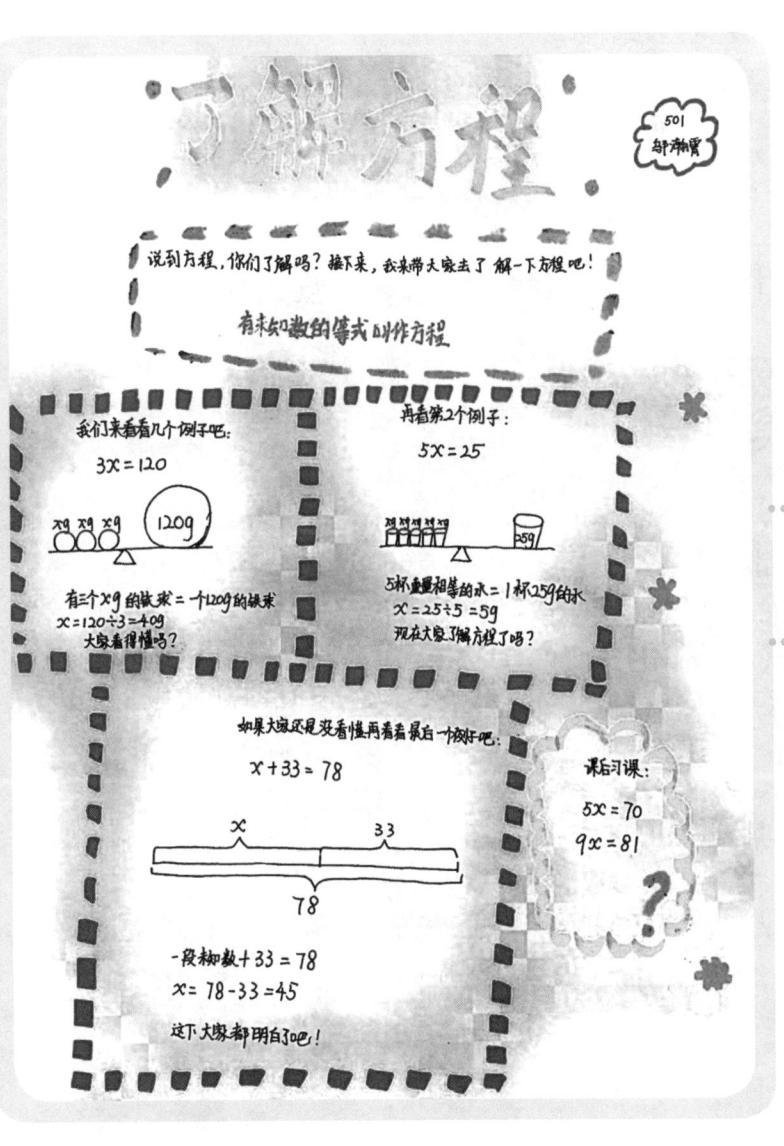

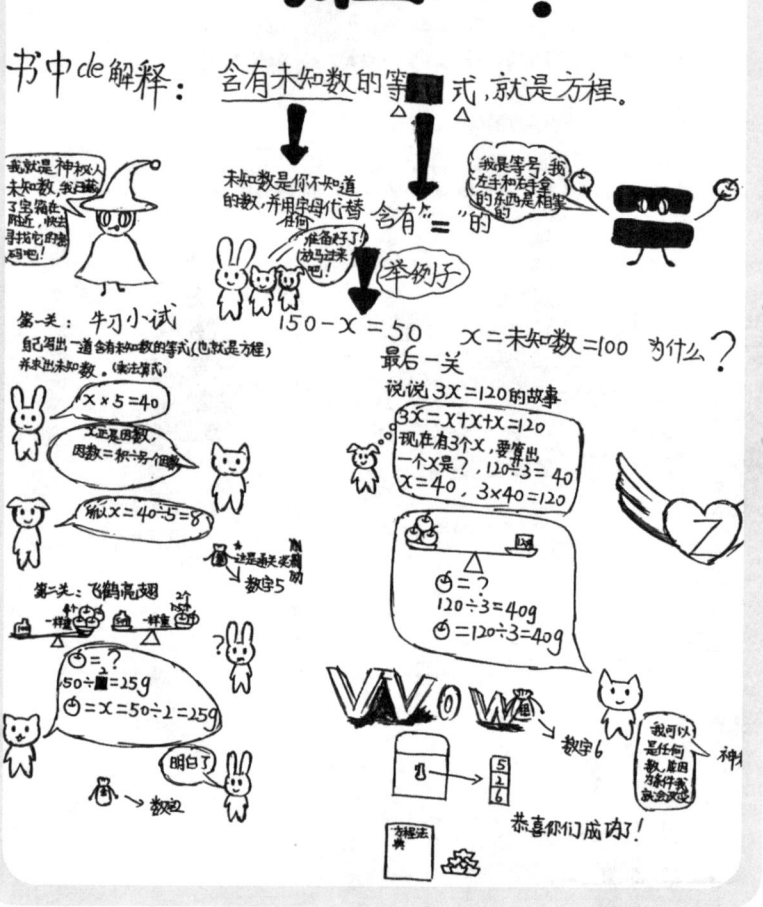

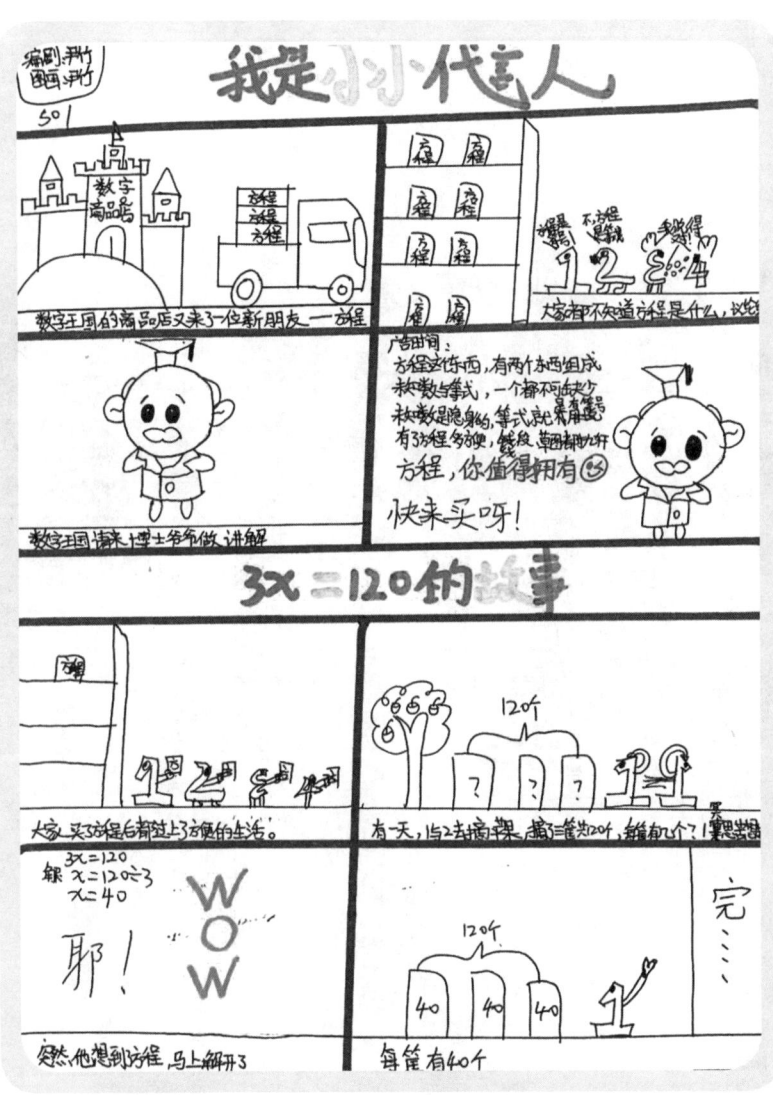

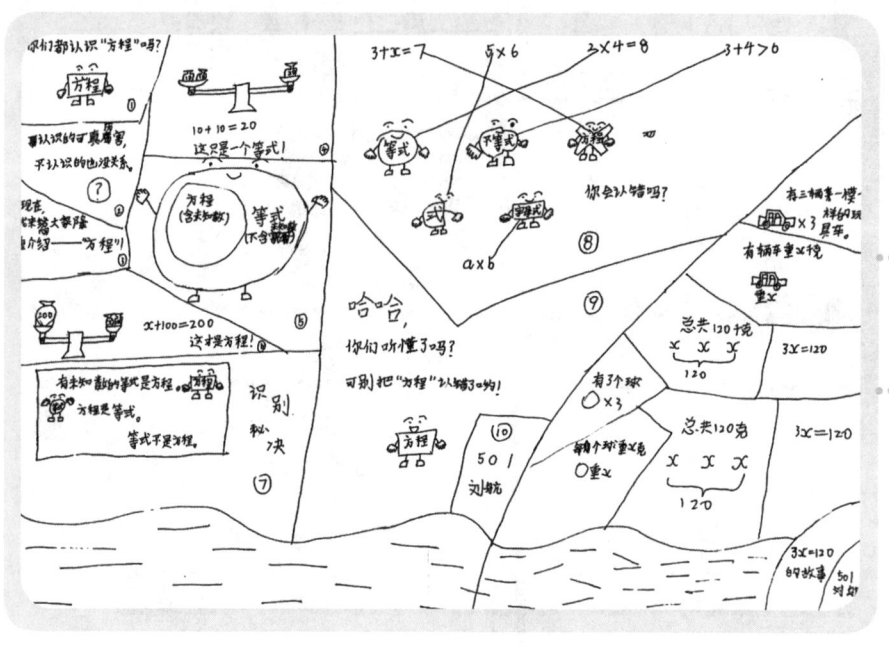

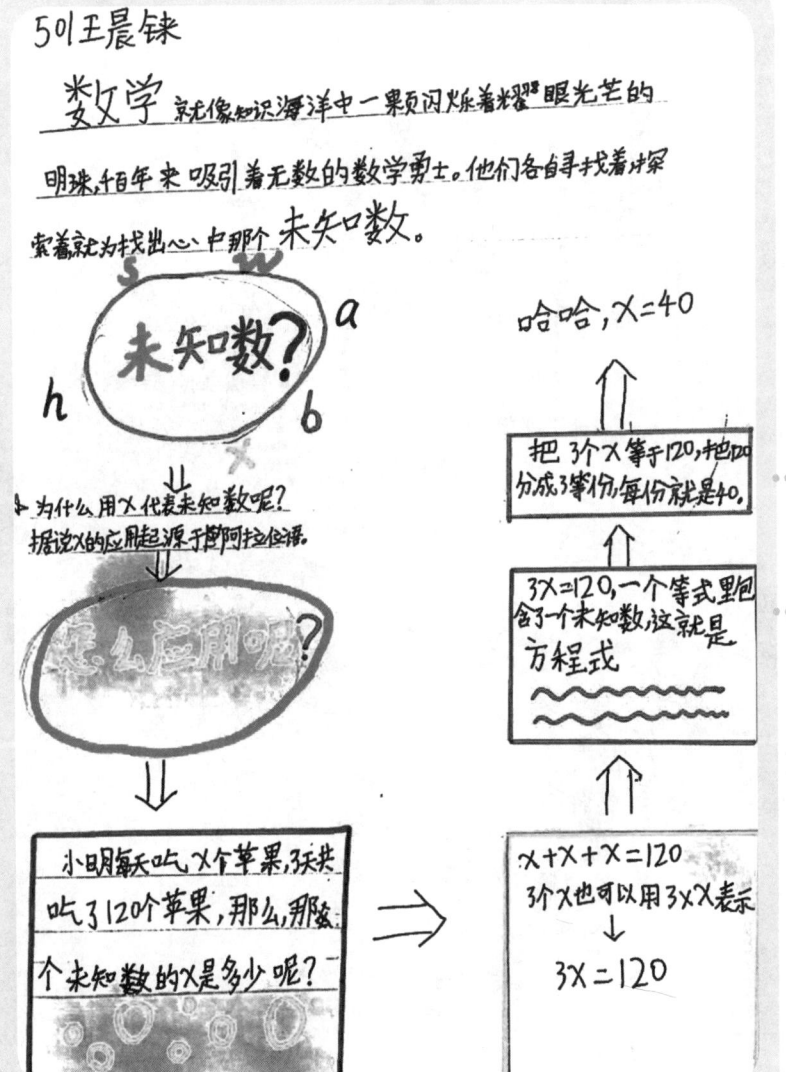

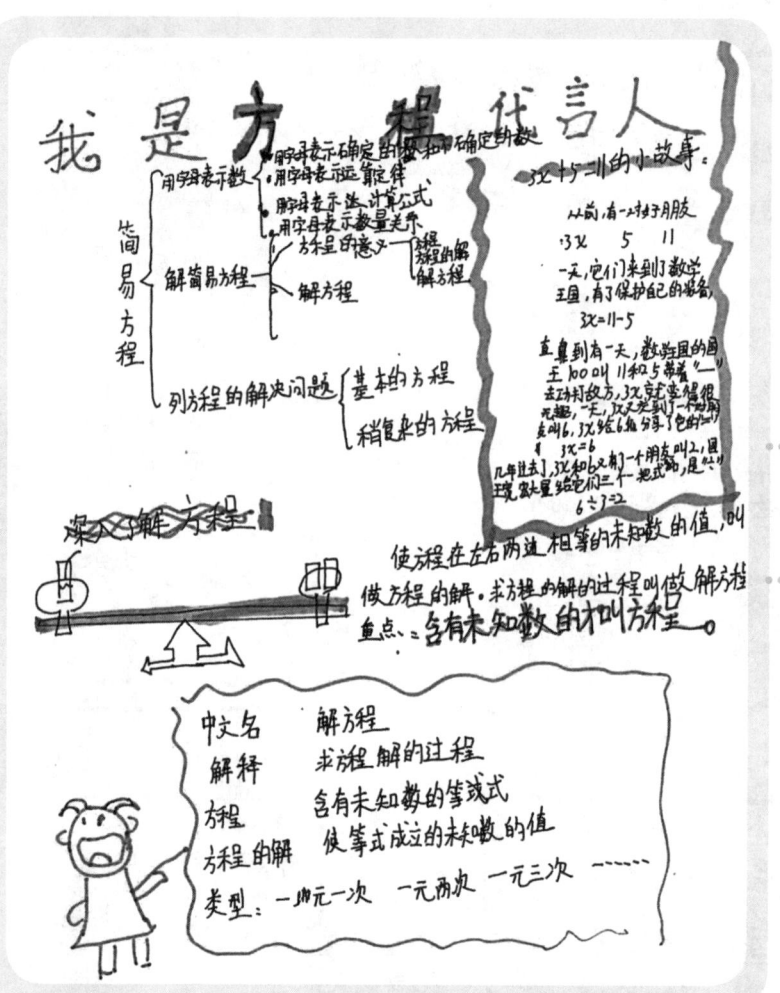

11月15日 | 我说的,对不对

今天,小徒弟问我一些问题:解方程的教学中,学生一定要用等式性质来解方程吗?大部分学生都喜欢利用四则运算的关系来求解,是否要让他们改过来?对于减数和除数是未知数的方程,怎样讲解才通俗易懂?我觉得好乱。

其实,我也纠结过这些问题,也是经历了好几届教学实践的爱恨纠葛,才慢慢形成了当下的观点。

前几天为方程"代言"的时候,就有孩子利用四则运算关系来得出方程的解。这说明什么?说明孩子的经验在那里。那孩子的经验从哪里来?一部分从家长那里来,也有一部分从数学学习中来。孩子从一年级开始,就遇见过很多诸如"9+□=13"的等式填数题。所以,他们有"加数 = 和 – 另一个加数"的这一类经验。而面对"9–x=3"或者"9÷x=0.3"这样的以未知数作为减数或者除数的方程,利用等式性质求解,步骤会比较多,而利用四则运算关系,"减数 = 被减数 – 差"与"和 = 加数 + 加数"的难度区别不明显。

但教材安排的是利用等式的性质解方程啊。

纠结,就是这样产生的。

纠结之下,无非四种做法:一是跟着教材教,只教等式性质解法;二是只教利用四则运算关系解方程;三是让孩子了解等式性质,以教四则运算关系解法为主;四是以等式性质解法为主,介绍一下四则运算关系。

你选哪种?

我可以说,我都试过,慢慢地,我回到了原点。

我现在再看这个内容,是这样想的。我要教的是让孩子们利用等式的性质解方程。天平原理很形象,好理解。虽然一开始过程会显得多,但是,表面上步骤"复杂"的背后,其实是思维难度的降低。我发现等式性质有利于学习困难的孩子掌握解方程的方法。直观的平衡与抽象的关系背诵相比,一部分孩子更能接受等式的性质。哪怕是"9−x=3",无非多写几步,两边先"+x",也能用等式性质解出来。更重要的是,用等式性质解方程,我们可以把整个解方程的过程当成一个推理的过程,一步一步,让孩子慢慢地感受"解"的诞生,而不再需要去记一句又一句的"解方程公式"。而那些学有余力的孩子,压根就不用我们担心,只要他们熟练了等式性质,他们就会自动减少步数,将一部分过程化为心算。利用等式性质解方程的步骤,一旦被简化,看过去就和四则运算关系解法很接近了。

$$9-x=3$$
$$解:9-x+x=3+x$$
$$9=3+x$$
$$3+x=9$$
$$3+x-3=9-3$$
$$x=6$$

等孩子们都熟练了后,再引导其适当简化步骤,脑海中记一部分,写一部分,就可以了。允许其自我简化,确保两到三步留痕就行。

也就是说,我现在是实践第一种做法的。

第三和第四种做法,更加不当。看似两全,实则混乱。原本就已经是一件复杂的事情,你以为给多了是好事,其实给得越多孩子越混乱。回想起以前说过的一件小事。1998年师范里刚学电脑的时候,老师说这样这样进入DOS,可以那样那样进入……一无所知的我们,大喊:请讲一种就好。等我懂了,我自己会"通"。孩子懂了后,才会"通"。不要急于给很多。

很多孩子听见"今天的作业必须用方程方法解答",就会"啊~嗯~",表示不开心。不用方程,一来能少写规范的"解"和"设",舒坦;二来本来就会解的题目,强制要求换一种方法,没法儿感受到乐趣。

我觉得这是正常的感受。我们这代人也是这样走过来的，一样的滋味都尝尝呗，也没啥不好。我觉得我所做的，也就两个点：

一是达成常识。我常和孩子们说，盖楼平地起，学任何本领都不可能是一下子就学高难度技术。只能先学好基本的操作方法，就像购买好基本的工具装备，虽然没有挑战什么难度，少了点乐趣，但这却是最后攻克高难度的重要保障。就像列方程解决问题，我这次先教找各种等量关系，再手把手教规范地书写"解：设……"，然后教解方程，每一步都用一到两课时教学，最后咱们玩整合。

二是用未知数表示等量关系，可以利用好一类题目。比如，"甲是乙的2倍少10，已知甲是20，求乙，或者已知乙是20，求甲。"把这类题目混在一起，让孩子们列式，记一下式子的正确率有多少。然后，让孩子们列方程式解答，如"$20=2x-10$"与"$x=20\times 2-10$"。问问孩子，列方程式"合算"在什么地方。如果小孩子能感受到——只要照着关键句写式子就可以了，那就大功告成。我还免费赠送给孩子们一个小故事：刘老师有个同学，一年级到四年级时数学不怎么样，后来五年级学了方程，她利用好了方程解决问题的优点，数学成绩开始突飞猛进。你们也迎来了"好了可以更好"的机会，加油哦。

倾听与反思
特级教师修炼日志

11月16日 | 这样太难看？不，这是方程最美的样子

学了两天列方程，和孩子们一起反复感受方程的"故事味道"。

于是，就看见了这样的方程。

> (1) 学校图书馆有儿童读物2.5万册，儿童读物的册数比其他读物的册数的3倍少0.2万册。其他读物有多少万册？
> 解：设其他读物有x万册。
> $2.5=3x-0.2$
>
> (2) 北京奥运会上，中国体育代表团共获得51枚金牌，比法国体育代表团获得的金牌数的7倍多2枚。法国体育代表团获得多少枚金牌？
> 解：法国体育代表团获得x枚金牌。
> $51=7x+2$

看起来，这是多么难看的方程。我们真不习惯看见这样的方程。可我却觉得这是方程最美的样子。

"$2.5=3x-0.2$"，这就是沿着"2.5万册，儿童读物的册数比其他读物的册数的3倍少0.2万册"这个数学事件在有序而简单地描述。它将等量关系顺向清楚地表达出来了，让孩子们"顺向地摸着石子过河"了，这是方程最美的样子。

不需要思考解时的方便，不需要考虑常规的约束，方程的本真之美，就这样被自然地呈现。

少了一些烦琐规定的方程，似乎很容易就赢得了孩子们的心。

那就让他们先这样"相爱"吧。

等学习了解方程之后，相信孩子们会自己给心爱的方程"变装美容"。

11月17日 | 我,是最重要的嘉宾

最近,我惊讶地发现这一周"每日一题"上榜的孩子很少,而且出现了诡异的现象——一部分有能力冲击的孩子的身影一再缺席。加上个别妈妈很着急地给我留言,说不知道为什么孩子就是不肯做,我开始觉得——这是个问题。

早上醒来,我就一直在想这个问题。刷牙时想,吃早饭时想,开车时想,因为我纠结于主基调是鼓励还是批评。

点了男女共十几个孩子的名字,站着。

我:昨天"每日一题"上榜了几个人?

负责人:两个。

我:我想知道,是我做得不好,还是负责人做得不好,还是你们自己的原因。从昨天题目的难度看,有些同学应该有能力解决。以你们几个为例,你们一个个说说没上榜的原因。

生1:我做了,但是错了。

生2:我也做错了。

生3:我昨天特别忙,一点都没空过。

我:哦,做一道题目都没有时间?

生众:是的,因为其他老师要来占课间的时间。

生4:我不想做。

我:坦诚。理由是什么?

生4:就是昨天不想了。

生5:我喜欢抄题回家做。

我：你倒是一直有这个习惯。

生6：我来不及做了。

生7：我第一遍错了，然后就没继续做下去了。

我：好，情况我清楚了。"每日一题"的题目，是比较难一些。那么，挑战它，就是一种勇气。每天都能坚持挑战，不惧一次次的失败，那是非常优秀的品质。我希望，你们有。今天开始，负责人负责抄题、记录、晚上说题。我来负责批改。我要亲眼看看你们的一次次挑战。

没有鼓励，也没有批评，就在某一刹那，我顿悟了。

是舞台，就要有观众。孩子们眼里，我，应该是最重要的嘉宾。

我想，本质的原因就是我出席得有些少了。舞台就一天天显得冷清起来。我想看看，是不是我多介入一些，一切问题都会迎刃而解。

我在的地方，总能看见很多的感动和美好。果然，中午，一群孩子围过来笑眯眯地交给我"每日一题"的答案。无论对错，挑战即美。那么，今天谈论的问题，且当是孩子们的一次撒娇。这娇憨的模样，我也是喜欢的。

我，是多么重要。

我见证你们的成长变化，身负引领之责。

除了数学教学，每一天，我总还有很多话想和你们说，却常常来不及和你们说；我总觉得你们很乖很乖，都在努力地自我伸展，只要伸展就是成功，只有差异才有乐趣。

三年之期，恍然已走过近半程。

这半程里，你们可因我而多了些快乐？

11月20日 | 教书的小曲儿

这两天,班上的孩子们接二连三发烧,我也"欣欣然"地跟他们"同甘共苦"了起来。没什么特别的症状,就是有些忽冷忽热加头疼。为了做最"臭美"的教师,决定坚持上班,在迟到五分钟的情况下走进了教室。

走上讲台,分析期中卷。一节课正好讲完,顺带把作业也布置完毕。

回到办公室,喝了杯热水,出发去离城不远的畸山小学试教。由于参与了11月28日的省教育厅的送教活动,了解到对方学校学情比较弱,所以择定距离较近的农村小学试试自己关于"商的变化规律"一课的教学设想能否达成。

拿出了全身力气,将一节课顺利完成。心下安定了几分。

等我背起包准备回城的时候,一群孩子跑过来说:"刘老师,刘老师,你的东西落下了。"我说:"哦,是我的一个板贴'商'字,谢谢你们跑过来提醒。"一个孩子说:"刘老师,你要回去了吗?你还会来吗?""是啊,我得回去了,学校里还有学生在等着我去订正作业。"孩子们不说话了,绕在身边,看着我上车,离开。

时常会记起俞正强老师喜欢念叨的一句话:小孩子,是最好的人。

有时候,

一节课,

就积下了一份情,

有时候,

一个微笑,

就可能一生记挂。

心底，一下子就温热了起来。

回到学校，一一面批，纠正孩子们订正一次后仍然存在的错误。脑袋又发烫了，身体却觉得生冷，就把围巾围成了三圈，打上结。这时看见威智的大脑门上贴着降温贴，心想回家后我也去贴一个。

于是，提早一步回了家。

又是迟到又是早退，做最"臭美"的教师是没希望了。到家乖乖贴好降温贴，抱紧热水袋，双脚泡进木桶，一杯杯地喝热开水，身体终于热乎了起来。

一下子睡不着，就"批阅"朋友圈，"对话"微信群。群里有孩子们上传的校内未交给负责人的"每日一题"的解法。趁负责人尚未上传说题视频，我批复了一些。

再晚些的说题，我可能要明天再看了。

我今天很是期待若天的讲解，因为我都还没有想好怎样讲能让孩子们都明白。看他今天自信笃定的小模样，他真能把大家伙儿都讲明白？

这不是要比我还厉害了吗？

期待他把我 PK 掉的那一刻。

嗯，我也想听听佳昊、张阳、刘航的想法，他们也是短时间内不用方程就解答成功了的娃，也厉害着呢。

11月29日 │ 路径，小记

今天上午，第一节课，继续《方程》单元练习。

其中"$8x-5x=85$""$x-0.36x=16$"这两道题的解题正确率的差异令人感叹。"$8x-5x=85$"，仅1人算错，而"$x-0.36x=16$"则有18人算错。18人中，有12人是无法合并同类项，不会计算"$x-0.36x=0.64x$"，6人是"$16÷0.64$"出现错误。的确，"$1-0.36$"比"$8-5$"复杂些，但毕竟小数减法也是四下的知识，对孩子们来说也不难，不至于他们在刚刚做对"$8x-5x=85$"后，却对着"$x-0.36x=16$"束手无策吧？说明，"$1x$"写成了"x"，也助推了孩子们实施合并的难度。

停留在"就题论题"的程度，是可怕的。

自然，要进行两题相同之处的比较，需要时时深化"类"的观点，提升结构认识，强化解题的路径——

同一条路，

一样的走法，

只是路边的小花小草略有差异。

上完课，急匆匆冲向龙津实验听课。9:00开始的邬盼盼的课，还是落下了一些。因为是展示活动，所以都是精致的课，老师们的演绎能力也很强，自叹不如。盼盼的成长清晰可见。

任何课，

都有很多路径可以进入，

只要底下的学生愉悦地学会了，

深入地学透了，

倾听与反思
特级教师修炼日志

就是一节好课。

比如今天的"百分数的认识",由卓越工程的同学张瑾执教,整个课的流程欢畅,细节精彩。

张老师开课先问:"百分数,认识吗?"学生阐述了生活中的经验。张老师就呈现了4条生活中的百分数信息,4条信息都能看到老师的设计意图。先让学生读一读,在读信息的过程中完成了百分数的读写教学。

"既然会读会写了,那百分数表示什么意思呢?"让学生以第一条信息"我市小学生近视人数占全市小学生人数的30%"为例,画画图,写写话,举举例子,自主尝试表达百分数的意义。孩子研究之后,张老师反馈了三个孩子的作品。第一个学生写的是"30%=一百分之三十",进一步理解等值。反馈第二个用具体的量来表示的学生时,她追问了"你这是表示全市小学生一定是100人吗?如果是100人,近视人数就是几人?如果是1000人呢?如果是10000人呢?数在变,什么不变?哦,小学生近视人数与全市小学生人数的关系不变"。然后,反馈了第三个学生的线段图(3/10),这一层基本没有对话跟进。随后,张老师借助课件抽象出了百分数的意义,学生模仿说,旋即再利用另外3条信息进行及时性练说。学生练说之后,师生一起说说百分数的意义(总是表示谁是谁的百分之几),并跟"比"和"分数"沟通,又在情境中感受百分数便于比较的现实意义。

整节课非常丰满,很是精彩。

我在想,第三个孩子的线段图既然是张老师预设到的表现形式,那么是否可以把课件预先设计好,借着学生的作品跟进线段图甚至方块图的变式,把"比"也适时放入,数形结合,深刻感悟30%表示的总是近视人数与总人数3∶10的关系。

这是一节非常漂亮的课。那么,如果也要换一种路径呢?我会想到可以试试另一种路径,是因为今天的孩子在百分数意义抽象出来后,出现了一下子默然的状态。百分数常常让学生觉得是在学习一个全新的知识,然而它并不是全新的知识。那么,是否可以试试这样的路径——

看到百分数,你感觉它可能会是谁的亲戚?分数。分数的意义谁还记得?呈现一堆素材,分类。两类分数各有什么特点?率,量。其实在"认识比"这节课的时候,我们也是强调了比值结果的两种类型,同类量的比与不同类量的比。那么,直接告知表示率的分数都可以改写成百分数。说说看这样的百分数表示什么。这样的百分数你在生活中见过吗?说说它的意思。再想想,既然它由这类分数转变而来,那么让它转变的理由是什么?感受便利的现实意义,强化其与同类量的比一致的含义,即可。应该也很有意思。

我想,

强调同一路径,

是因有其必要性,

尝试不同路径,

是因其可能遇见不一样的精彩。

今天,惊喜的不仅仅是三节精致的课,还有"双特加持"。

如果说,要用一句话形容"双特",我想说——施国柱老师,浑身蹦跳着智慧;朱志明老师,浑身流淌着智慧。这是走近后的感觉,有差异,有共性。

不知同伴们是否有同感。

"双特"一个点评,一个做核心素养讲座,让来蹭活动的我们欣喜不已。

施特很细致地听课,记录下执教老师每一处细心的设计和用心的思考。他记录、识别、分析,再予以肯定和鼓励。评课时,我们不乏遇见提出商榷意见的深度思考,这固然精彩,然而,一个教研组的良性发展,离不开对执教教师努力的尊重和深度的鼓励。

朱特将核心素养与小学数学教学舒服地结合了起来。在奉化区域里,我还真的没有听到过关于核心素养的专题讲座。走出大市,关于核心素养的报告随处可见。显然,这一次的落地,难以与新课程的落地力度相提并论。核心素养,更多的是意识和方法。从理论解读到教学建议,我将原先积攒的对核心素养的理解做了一些梳理。

我对核心素养的理解更多的是基于自己的学科教学,也就是学科核心

倾听与反思
特级教师修炼日志

素养。小学数学学科核心素养目前处于探索阶段，尚无定义。不过，一门学科的核心素养必须同时满足三个条件：必须体现学科本质（这是最基本的特征）、必须具有普适性意义（适用于普遍情境和所有人）、必须承载不可替代的学科育人价值（具有其他学科无法企及的培育优势）。基于这样的认识，抽象、推理、模型就是我们数学学科最核心的素养。除此之外，空间观念、数据分析观念、运算能力也符合上述条件。具备了这些数学核心素养，就能从数学的角度看待问题，就可以用数学的思维方法思考问题，用数学的方法解决问题，能够理解理性数学文明的文化价值，体会数学真理的严谨性和精确性，具备用数学思考方法分析和解决实际问题的基本能力，能够欣赏数学智慧之美，喜欢数学，热爱数学。

透视我们的教学，课堂教学是教师组织的教学，"以生为本"的理念已在一线扎根。但到了作业的设计和布置环节，就会发现面对作业这一"学生独立状态的学习活动"时，我们就只关注知识的熟练、技能的练习，缺乏提升学生核心素养的意识。因此，我想，也可以从作业研究入手，去推进基于学科核心素养的教学改革。

这又是一条路径。

12月5日 | 查漏补缺

今天看着孩子们订正作业。

有一道方程比较复杂,我指导到"$1.5x-x=4$"这一步时,就去看另一个孩子的订正进度。等我回头再来看她时,她的表情有点痛苦。我一看,涂涂改改,两边都在"-4",复又"$+4$",长长的解答,越绕越复杂。

我:你把 $1.5x-x=4$ 后面的步骤先擦了。告诉我,方程左边可以化简成多少?

生:1.5。

我:把方程左边读一遍,完整地说结果。

生:$1.5x-x=1.5$

哈,问题原来在这里。

我一时无语,看上去,挺形象不是?剪刀剪掉"x",可不就是还剩 1.5 吗?

脑海里迅速幻想模拟了一遍对话:

我:1.5 与 x 是什么关系?

生:相乘的关系。

我:对啊,1.5x 是 1.5 与 x 的积,1.5x 就是 1 个半 x,现在减去 1 个 x,还有多少?

生:……

幻想着她的迷惘神情,我觉得这样说服力肯定不够,无法突破"1.5x 减去 x 还剩 1.5"的迷雾,得让她自己说才行。$1x$ 一般写作 x,系数省略,也比一般的合并难一些,我先试试水。我写式子,她回答。

我:嗯,那么 $2x-x$ 等于多少?

倾听与反思
特级教师修炼日志

生：$2x-x$ 等于 x。

我：你是怎么想的？

生：2个 x 减去1个 x 就等于1个 x 了。

我（惊喜）：哦，对的对的，$2x-x \neq 2$，是2个 x 减去1个 x 等于1个 x 呢！那 $1.5x-x$ 是多少？

生：$0.5x$。

哈，我以为我要绕半天也不一定能说清楚，没想到这么顺利就解决了，高兴。

由于本周四、五、六要去上海听课，加上自己"赖"来了一节课，周一到周三，能上7节数学课。这两天，娃就全部在我眼皮底下慢慢地被我查漏补缺。

现在在校，几乎没有补差的时间——丰富的课程设置，对非考试学科的尊重，对学生在校时间的规定等等都让补差成了海市蜃楼。但是，孩子本身是有差异的，家庭也是有差异的，那种"心有余而力不足"的苦恼真是一言难尽。

好在，咱们班的爸爸妈妈都比较认同"教育共同体"理念，一起想着怎么做对孩子有利。爸爸妈妈们有困难会和我说，有问题就和我探讨。我对他们就多了份体谅，他们对我也多了份支持。良好的家校关系一旦建立，我们在群里就会有些"肆无忌惮"地聊孩子们的事情，有时互相吹捧，有时互相鼓励，有时互相安慰，有时互相提醒，有时互相搭把手帮一把……

时间还有一年半多一丢丢……

12月7日 | 原来，你有"祖传秘方"啊

早上，想好了第一节课教学平行四边形的面积，第二节课练习。没承想，第一个问题下去：知道平行四边形面积怎么求吗？竟然集体底气十足地回答：底乘高。

觉得不对劲。这才想起，方巧娟老师来试教过这个内容。

于是，不教了，转而让孩子来说为什么是底乘高。我看孩子们把割补法记得很牢，看来之前学得很赞。那就练习练习，开始研究三角形面积。

孩子们一起在格子图上画了一个底3高4的直角三角形，自己想办法，怎么转化，怎么求面积。

我发现在格子图上转化，孩子们很快就出来了两种方法（可惜我没有拍下来），一种是割补法，一种是倍拼法。孩子们上台介绍自己的方法，我们一起做了一个小结。随后，继续挑战锐角三角形。

这下出来的方法有意思了。

不同形式的倍拼法、割补法都出来了，而且上来的小老师一讲，底下的都鼓掌表示听明白了。

有趣的是，无论是倍拼法还是割补法，都出现了借用直角三角形的情况——都是沿着高将锐角三角形分成两个直角三角形，然后用前面总结出的直角三角形的转化方法将由锐角三角形分割而来的两个直角三角形倍拼、割补成平行四边形。

这个方法再一总结，钝角三角形的转化就很容易了。

基本练习后，一起阅读了关于刘徽的"出入相补"法。看着书上的转化图式，孩子们惊喜地叫起来——

倾听与反思
特级教师修炼日志

"呀,刘航,你的方法跟刘徽的好像啊!"

(刘航的方法,多画了一条高,其实是分割成直角三角形后旋转)

"他是你家的老祖宗吗?"

"哇,原来你有'祖传秘方'啊!"

"刘老师,那你是不是也知道这个'祖传秘方'啊?"

12月8日 | 三角形面积计算公式的推导琐思

"三角形的面积"一课,学生会基于原有的经验去推导面积的计算公式,这些经验都与最终的认知形成息息相关。

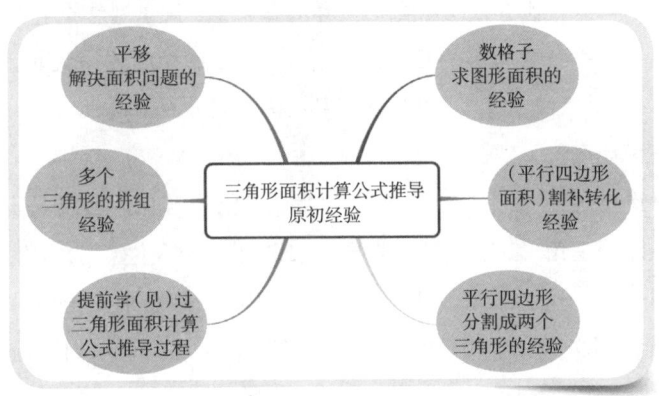

平行四边形转化为长方形时进行的是等积转化,而三角形转化成平行四边形则需要加倍,学生需要面对一个三角形,想到去虚构另一个与之全等的三角形,使之拼成学过的规则图形。根据克莱门兹等人对图形构造能力层次的划分,可以发现前者属于层次1"前构造者"(只能操作单一的图形,而不能把它们组合成更大的图形)与层次2"堆砌者"(能够按照要求或根据模型把一些简单的图形组合在一起,看到的只是整体的形状,而不是图形之间或图形的部分元素之间的几何关系);而后者则需要达到层次5"合同构图者"(能够有意识地合成图形,能够充分认识和运用图形的全等关系,如知道两个全等的梯形可以构成一个六边形)。这其中的差异,导致学生的原初构想与最终构想之间存在难以想到"从加倍(×2,倍拼法推导)到消去一半(÷2,

运用公式准确计算)"的相异构想。那么,怎样合理选择学习材料呢?

一、典型学材设计与相应调正流程

教材选用不同的素材,激活的就是不同的原初经验。从不同的原初经验出发的相异构想,经由不同的学习材料的运用,就会形成不同的调正教学流程。利用不同的学习材料进行的调正教学主要有以下三种典型设计。

典型学材设计 1：提供 3 个三角形 △△△。

教学流程：利用原有经验操作 △△ → △ 能转化成功,△ 不能转化成功,为什么? → 发现 △ 能分成 2 个完全一样的三角形,认识到 2 个完全一样的三角形才能拼成平行四边形 → 信封里还有 1 个 △,成功操作 → 找联系,推导公式 → 引申介绍《九章算术》"中位线割补",沟通其中的联系。

调正了什么？

学材设计灵感来自人教版教材的"操作"倍拼转化。教材是直接给予 2 个完全一样的三角形,暗示过于明显。如果放手让学生操作,学生又找不到探究的切入口。这一学材的使用,把学生的思维从"1 个三角形沿高剪开来拼"引导到"用 2 个完全相同的三角形来拼",学生从"只会转化等腰三角形"到"能转化任意三角形"。

欠缺了什么？

学生面对 △ 无法转化成功,教师予以层层的"巧妙"引导,将"分成 2 个完全一样的三角形"与"2 个完全一样的三角形才能拼成平行四边形"对接,才完成了调正教学,这说明这一学材无法调动学生的原有拼组经验,学生无法独立找寻到倍拼法,且探究方式比较单一,不利于学生主动探究。

典型学材设计 2：提供以方格为背景的锐角、直角、钝角三角形各 1 个。

教学流程：先尝试会求的直角三角形 → 发现联系,得出"直角三角形的面积 = 两条直角边的积 ÷ 2" → 放手研究锐角三角形和钝角三角形 → 锐角三角形分割成两个直角三角形、在锐角三角形外面框一个长方形、在锐角三角形对面画一个完全相同的锐角三角形拼成平行四边形→"三角形的面积＝底×高÷2""三角形的面积＝底÷2×高"→沟通不同方法之间的联系→学生独立达成钝角三角形面积公式的推导。

调正了什么？

学材设计灵感来自浙教版和日本启林版教材。借助直角三角形这个特殊图形，引导学生完成倍拼构想，将研究直角三角形面积的活动作为突破倍拼法的关键环节。这一学材的使用，使得学生能在以方格为背景的情况下，用中位线割补法和倍拼法将三角形转化成学过的图形，算出面积。

欠缺了什么？

这一学材激活了较多的原初经验，学生能顺利转化，但由于从直角三角形出发到锐角三角形、钝角三角形的尝试、探究、反馈、提炼过程较长，以及学生始终在方格背景下探索公式，导致在面对无数据的任意三角形需要自己测量关键数据时，就出现了很多的错误。

典型学材设计3：提供以平行四边形为背景的直角三角形1个。

教学流程：求出三角形面积→"三角形面积＝平行四边形面积÷2"→给一个任意三角形，面积怎么求？写出思考过程→学生自构平行四边形的想法反馈、展示→发现共同点、找到转化前后图形联系→得出面积计算公式→引申介绍《九章算术》"中位线割补"，沟通其中的联系。

调正了什么？

学材设计灵感来自苏教版教材。借助平行四边形与三角形之间的特殊关系，引导学生完成加倍构想，让学生能从计算平行四边形中的三角形的面积出发去推导公式，逐步达成任意三角形面积的计算，且对公式中的"÷2"印象特别深刻。

欠缺了什么？

学生面对这份学材，推导的方法比较单一，紧扣"平行四边形面积÷2"

得到三角形面积。

对比三份典型学材与相应的教学流程,可以得到两点启示:

1. 格子图的优势。格子图为不同层次的孩子提供不同表达的素材,人人都可以动手去探究。且格子图本身就关联了面积的本质,比其他的学习素材都要直观形象。

2. "切""合"动态感知的优势。学生在利用学材1和学材3时,都较长时间地感受了两个完全一样的三角形拼成平行四边形、一个平行四边形均分成两个完全一样的三角形的过程,这一过程对接了面积计算公式中的"÷2",有助于相异构想的转化,降低学生在后续计算过程中"÷2"的遗忘率。

利用好了这两个学材优势,就能助推学生"从加倍(×2,倍拼法推导)到消去一半(÷2,运用公式准确计算)"的相异构想的调正。

二、调正相异构想的学材设计与调正教学片段

显然,要引导学生掌握倍拼法,掌握面积计算公式,就需要利用学生"最近"的经验,使其相异构想的"异"度在一定程度上降低。可以让学生在方格图背景上研究三角形面积计算公式,得出多样化的转化方法之后,沟通、对比,提炼出面积计算公式,并在公式习得后,设计"三角形从平行四边形中'单飞'求面积""'单身'三角形求双的想象画图""没有方格图自测数据求三角形面积"等即时跟进练习,以助推方格图背景学材在公式运用时达到"平行四边形一分为二"的动态过程与公式中的"÷2"的过程性对接的同等效果,从而顺利将相异构想调正为相同构想。

学材设计与调正1:直角三角形"打头阵",方格背景从无到有。

师:有谁知道三角形的面积怎么算?

生:三角形的面积 = 底 × 高 ÷ 2。

师:你说的三角形,是指所有三角形吗?

生:是的。

师:三角形比较复杂,可以按边分,可以按角分,咱们是按边研究还是按

角研究?

生1:按角研究,因为三角形可以分成锐角、钝角、直角三角形,不重复,不遗漏。

生2:按边分,我们只认识特殊的等腰三角形和等边三角形,每条边都不一样长的三角形没有研究。

师:那就按角的分类来研究。要计算这三类三角形的面积(出示三角形▲▲▲),你需要哪些数据?(课件出示每个三角形底和高的数据,学生迅速计算面积)为什么任意一个三角形的面积都是"底 × 高 ÷ 2"呢?

师:那我们从直角三角形开始研究。老师还请了一个"助手",请睁大眼睛(方格图呈现),现在就请你在格子图上研究直角三角形的面积为什么是"底 × 高 ÷ 2",把你想的过程表示出来。当然,你可以用很多种方法来解释。(学生有一整张以方格为背景的A4纸,印了▲▲▲3个三角形,彼此之间留有很多可再创作绘图的空白格子)

【设计意图:1.循着学生的起点,提出研究的内容。"三角形面积怎么算→你要什么数据→算出结果",能充分暴露学情,了解学生对公式与计算应用的掌握程度。刚学了平行四边形面积,大部分学生在看教材、做作业的过程中自然地发现了公式并能进行操练性应用。那就让学生敞开了说公式,大大方方进行面积计算。学生发现这节课并不只是研究"怎么算",研究的重点是"为什么",这就明晰了新的挑战。2.给予数据并凸显方格图的背景作用。在没有方格图的时候,学生根据公式和需要的数据已经求出了三角形面积。在求出具体面积的基础上,给三角形配上方格背景,有利于学生对照具体数据研究其中的道理。学生面对具体数据比面对"底""高"这些抽象名称更容易说理、分析。而教师直接说"从直角三角形开始研究",是因为学生在"三角形的内角和"等课上,感受过以直角三角形为推进素材的学习,此时直接切入,简化过程。】

师:谁上来汇报一下自己的研究结果?为什么"6×4"以后还要"÷2"?

倾听与反思

特级教师修炼日志

生1：我是这样想的。从这里割开，旋转到这边，就拼成了一个长方形。这个长方形的长是6，高是2，与原来的三角形一比，三角形的高÷2了，原来是4，现在只有2了，是原来的一半，根据长方形面积公式"长×宽"，所以就是6×4÷2。

师：6是长方形的长，4÷2是长方形的宽。

师：好，他解释了之所以÷2，是因为高÷2了（动态配合，图1）。你们俩呢？

生2：我和他的方法差不多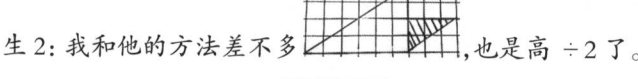，也是高÷2了。

生3：我觉得我也差不多，只不过我是底÷2了。

师：他们都说差不多，我们来看看到底有什么相同的地方？（图2、图3）怎样切割才能拼成平行四边形或者长方形？

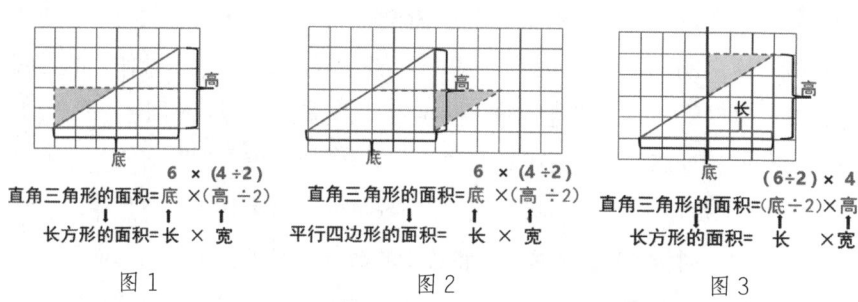

图1　　　　　图2　　　　　图3

生1：都要沿着中间的地方分割才行。（上来指着说）生1、生2是从高的中点到斜边的中点，生3是从底的中点到斜边的中点。

生2：我觉得他们就是用"一半法"来解释"÷2"的。高割掉一半，或者底割掉一半，拼成学过的平行四边形或者长方形。

【设计意图：根据经验分析，以方格图为背景，部分学生能利用平行四边形割补转化的方法，将单个直角三角形直接分割转化。又根据前面所做的后测分析,这种方法一旦离开格子图,学生"留痕"过浅,因此不做放大研究,而是让学生用自己朴素的话加以表达,并用预设好的触发课件配合学生的方法,帮助每个学生理解单个图形的转化。】

师:说得真好。那么大家看这两种方法,和刚才的方法一样吗?它们是怎么样的?和原来的三角形又有怎样的联系?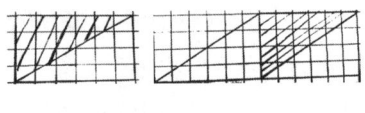

生1:我觉得这两个作品特别好理解。6×4,算出来的是长方形和平行四边形的面积。但这个长方形和平行四边形都是由2个一样的直角三角形拼成的,所以要6×4后要再÷2。

生2:我也觉得。6×4就是长方形的长×宽,是24,三角形的底×高就是24,但这是2个三角形的面积,所以6×4后要再÷2。

生3:他们都是多画了1个一样的直角三角形,拼成了学过的图形,只不过这个拼在斜边上,这个拼在直角边上。

师:按他的说法,还能把这个多画的直角三角形往哪儿拼?

生:还有一条直角边上也可以拼。

师:你们在格子图上画画看,拼起来是什么样子的?

生:也是一个平行四边形,它的底是三角形的这条直角边,高是另一条直角边。

师:咱们以前这样拼过吗?

生:拼过。2副三角板,用2个直角三角板,可以拼组成3个不同的平行四边形。

【设计意图:1.利用最"同"构想,推进理解。格子图上的直角三角形,学生在四年级时就能想到加倍成长方形来数面积,课堂上自然有很多学生会想到这种方法,但很少有学生会想到倍拼成平行四边形。2个图放在一起比较,学生就能关注到倍拼的共同点,借助长方形的容易理解来推动不同形式但相同本质的倍拼法。2.激活拼组法经验,让倍拼法有了来处。学生发现倍拼法原来是"老朋友"啊。之后的锐角三角形和钝角三角形面积就可以放手

倾听与反思
特级教师修炼日志

让学生自己研究,学生会在割补法和倍拼法的基础上,将锐角三角形、钝角三角形分割成2个直角三角形,然后利用直角三角形来解释说明的方法。】

学材设计与推进2:强化公式感知,从平行四边形中来。

师:大家刚才用了很多方法,画画、写写、说说,也发现了用倍拼法把三角形转化成平行四边形(含长方形),特别好理解。那请大家看看,这个平行四边形中,你能看到三角形吗?

生:平行四边形的两条对角线可以分别把这个平行四边形平均分成2个三角形,▱ 这样可以,▱ 这样也可以。

师:▱ 是分成了2个锐角三角形,▱ 是分成2个钝角三角形,这4个三角形的面积都是多少?

生:都是6÷2等于3,是平行四边形面积的一半。

师:是啊,三角形面积总是等底等高的平行四边形面积的一半,我们可以确认"三角形面积＝底×高÷2"。如果我现在给你一个"单身"的三角形,你能找到它的平行四边形伙伴吗?好,想象出来了,比画一下。我们把这个过程一起来表演一下。

师生一起比画。

【设计意图:1.对应公式,强化直观感知。先将一个已知面积是6的平行四边形分割成2个三角形,求三角形面积;然后从单个三角形去想象拼成的平行四边形,再一分为二。这样有课件配合动态直观的感知过程,都是在帮助学生理解公式后进一步内化。2.故事化语言,让学生牢记好朋友平行四边形。在后续的练习中,学生经常会忘记"÷2",故事一串,手势一表演,学生就加深了印象,感受到了三角形必须依靠好朋友才能算出面积,"底×高"算的是平行四边形面积,要"÷2"才是三角形面积。】

12月20日 | 联动、生动：儿童理解规律的通道

"百人千场"送教了"商的变化规律"一课，课后感悟，码字成文。

"商的变化规律"引导学生通过计算和观察，依次发现三条规律。在教学中，教师们常有这样的感觉：举例、比较、依次发现规律不难，但是散状的三条规律放在一起后，学生的思维就混乱了。遇到"被除数乘4，除数乘2，商（　　）"这样灵活的应用题，学生更是一头雾水。因此，不少教师提出此例可分2课时教学，如果三条规律一次性教学，学生连商不变性质都会掌握得不理想。

但是，商的变化规律，毕竟有积的变化规律做铺垫，学生对于通过举例、比较、发现式子之间的联系已经有一定的经验。如果借助动态关联、生动描述、动作演示这些直观生动的教学手段让这三条规律联动、生动起来，学生能否更好地掌握商的变化规律？笔者由此展开了课堂教学和后续探究作业的思考与实践。

课堂实践

1.联系旧知，以"回顾"助"表达"

"激活学生原有的知识经验"是老生常谈的话题。然而，为了使整节课看起来新颖大胆，很多教学设计还是放弃了复习旧知环节。但是，商的变化规律的学习是有必要联系旧知的，因为学生可以从积的变化规律中汲取本课学习所需要的"知识经验"。就知识角度而言，联系旧知后，学生的言语表达系统迅速被激活，"一个不变""乘几""或""除以几"等数学语言在脑海里又会鲜活起来，避免再走一遍比较发现规律时对学生表述"去掉了一个0"之

倾听与反思
特级教师修炼日志

类语言矫正的老路,使得学生能在比较好的语言表达系统里表述自己的新发现。从经验角度来看,举例、做比较的探究经验也可以顺利迁移到商的变化规律,使学生能在研究之前就触摸到比较清晰的探究路径。

师:趁老师在做课前准备,你们看一下数学书第58页。

(铃响后)

师:第58页讲的是什么?

生:是积的变化规律。一个因数不变,另一个因数乘几或除以几(0除外),积也乘几或除以几。

师:当初咱们是怎么研究出积的变化规律的?(板书:积的变化规律)

生:写很多算式,举例,然后比一比。

师:好记性。就是通过写算式、举例、做比较,就发现了这个结论。今天,我们要一起研究商的变化规律(板书中擦去"积",改成"商")。你们说说看,怎样才有"商"呢?

生1:除数乘除数等于商。

生2:不对,是被除数除以除数等于商。

师:一起完整地说一下。(板书:被除数 ÷ 除数 = 商)

生:被除数除以除数等于商。

师:你们觉得商的变化规律会和什么有关?

生1:会和被除数有关。

生2:和被除数、除数都有关。

师:咱们怎么去研究呢?

生:也举例,写一些式子,然后比较。

师:你们的想法很好。商的变化和被除数的变化有关,也和除数的变化有关,咱们一类一类来研究好吗?先来研究被除数的变化会引起商怎样的变化。(板书:除数不变)

联系旧知,先让学生在课前进行知识上的课前准备,再通过提问的方式来回顾商是怎么来的。在成人视角里简单的旧知,学生照样会出错,因为这些描述规律性的语言对于他们还是过于抽象。如果不把学生原来的知识经验激活,规律探究的起始阶段将会陷入看似简单、表述艰难的境地。

2. 任务联动,从"看见"到"发现"

商的变化规律的发现离不开举例。教师一般会呈现一组例子,让学生观察发现被除数、除数、商的变化情况,并尝试用语言归纳。但是,当教师呈现了一组例子,学生往往只能描述"看见"的变化。比如,对于 $60÷12=5$, $600÷12=50$, $6000÷12=500$,学生会说"60 变成了 600,5 变成了 50",只有极少数学生能感知并描述具体的数据变化及其联系。当然,这时教师略做引导,学生也能大致完成表述。表述之后,教师一般直接脱离具体数据,改用"除数不变,被除数乘 10,商也乘 10"提炼规律。从"看见"到"发现",能否缓一缓,让学生多联系、多感悟,在问题驱动下自己发现规律?笔者尝试了以下环节。

师:我和很多小朋友一样,只看见了 60、600、6000 这些数,你们是怎么看到它们之间的联系的呢?

生:(指图说明)这个被除数是 60,这个被除数是 600,乘了 10,然后商也是乘了 10。从 60 到 6000 是乘了 100,然后商也是乘了 100。

师:画箭头有什么用处?

生:这样就能看清楚每个数是怎么变的了。

师:哦,以 $60÷12$ 为标准,一个数一个数对应着看,咱们不光能看见式子,还能发现其中的联系。现在再给你一个式子,( )$÷12=25$,你能马上知道括号里面应该填几吗?

生:300。

师:你是怎么想的?

生1:第一个算式的商是 5,这道题的商是 25,扩大为原来的 5 倍,被除数也应该扩大到原来的 5 倍。

生2:除数不变,还是 12。商原来是 5,现在是 25,乘了 5,那么被除数也要乘 5,$60×5$ 就是 300。

师：7200÷12=（　　　），括号里能填几，你还能马上想到吗？

生1：除数还是12，只需用商5乘120，等于600。

生2：前面的被除数乘了120，所以商也得乘120。

师：（板书"也"）你们用了这个字，是想表达什么意思？

生1：就是当一个数乘几或除以几，另一个数也要乘几或除以几。

生2：一个除以100，另一个也得除以100。

生3：当被除数乘几或除以几，商就跟着乘几或除以几。

生4：被除数和商同时发生变化。

学生难以发现规律，往往是因为没有掌握一一对应的比较方法。所以，此时放缓，让能发现规律的学生先介绍自己是如何比较、发现其中的变化的，把一一对应观察比较的方法凸显出来。随后插入两个式子填数，相当于搭起了两个"脚手架"，让学生从"举例发现"走向"应用发现"，在任务驱动下把表面的认知化为内里对被除数与商的变化规律的认知。

3. 联通经验，从"式子"到"情境"

学生在认识规律后，能马上迁移到同一形态的除式中快速填数，但却很难将其应用到具体的问题解决之中，三条规律都认识之后更是容易相互混淆。如果在初识规律时就让学生一一对应着找一找数学情境中的"被除数""除数""商"，不仅能有效激活学生已有的生活经验、知识经验，也能反过来用被激活的生活经验来助力学生对规律的理解和内化。

师：我们从一组式子中发现了一些规律，那么，在生活中，在图形中，你能不能找到"除数不变，被除数乘几或除以几，商就跟着乘几或除以几"的例子呢？

（出示如下3个材料）

材料①：一箱书，平均分给301班学生，每人分到3本故事书。如果有这样的两箱书，平均分给301班学生，每人会分到（　　　）本故事书。

材料②：

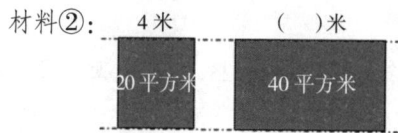

材料③：一筐橘子，平均分给40个人，每人分到2个橘子；还是这筐橘子，若平均分给80个人，每人会分到（　　）个橘子。

师：第一个数学故事符合吗？（符合）说说你是怎么看出来的。

生1：原来是一箱书，现在有两箱书，被除数乘2，所以商也乘2。括号里应该填6。

生2：除数不变，因为还是分给301班的这些学生。

生3：商应该乘2，因为一箱书变成了两箱书，所以每人分到的书的数量也会乘2。

师：把被除数、除数、商和故事里的几箱书、人数、每人分到的书一一对应起来，我们就发现了其中蕴含着的数学信息。①号材料符合我们发现的规律。[板书：(被除数×2)÷除数＝(商×2)]

生1：②号材料也符合。它是一块草坪，面积从20平方米变成了40平方米，就等于被除数乘2，商就是它的长，宽就是除数，因为它的宽没变，也就是除数没变，所以商也要乘2。长应该是8米。

生2：我觉得③号材料不符合。我们刚才的要求是除数不变，可是这里本来是分给40个人，现在是分给80个人了，除数乘2了。而被除数没变。所以不符合我们发现的这个规律。

生3：被除数不变，除数乘2，商却是除以2，变成1了。

师：你们都发现③号材料跟我们刚才谈论的是不同类型。它属于被除数不变，除数和商在变化的情况。[板书：被除数÷(除数×2)＝(商÷2)]那么要细细研究这个规律，咱们又得——

生：举例验证。（过程略）

师：为什么被除数不变时，除数和商反着来呢？谁能借生活事例说说理由？

生：有一筐苹果，原本平均分给4个人，但是后来人数增加到8个，每人分到的就少了。

师：能用自己的话去解释，说明这个规律你已经完全掌握了。

到具体数学问题中去"看"，一一对应着发现情境裹挟下的"被除数""除

倾听与反思
特级教师修炼日志

数""商"分别怎样变化,有助于学生进一步理解商的变化规律。在猜测出第二条规律后,学生已经能利用自己的生活经验来佐证规律,更加说明新知学习已经与自身经验联通,规律得到初步内化。

4. 故事联通,从"运用"到"本质"

学生找到了找规律的窍门后,就能比较快地从一组式子中找到商的变化规律,而经历了与生活情境的对接后,学生对规律"除数不变,被除数乘几或者除以几,商也跟着乘几或者除以几;被除数不变,除数乘几或者除以几,商反而除以几或者乘几"本身,已经有了一定的运用层面的理解,但对于"为什么会有这样的规律存在"的本质性思考尚未发生。

师:同学们在分书、分橘子的数学故事中,在图形中也发现了商的变化规律的存在。那你们是不是应该产生一个疑问了?

生:为什么会有这样的规律?

师:是的,我们发现它,运用它,更需要知道它为什么存在。谁有想法?我们先来说说"除数不变"这条规律。

生:因为被除数大了,每个人分到的就多了,商就大了。

师:联系到分东西了,那就拿分橘子来说,现在是什么不变?

生:除数不变,也就是把橘子平均分成几份不变。

师:如果总是把橘子平均分给这2个人。2个橘子平均分给2个人,每人得1个。如果橘子个数乘2呢?

生:那么,每人分得的橘子数也乘了2,变成每人2个橘子。(课件动态配合学生回答分步出现。学生表述乘3、乘4,反过来想,除以2、除以3、除以4,过程略)

师:当除数一定,也就是平均分成的份数一定后,总数的扩大就会引发每份数的扩大。这样的理由谁还能说?

生:比如给我们班41人分橘子,橘子总数越多,我们每个人分到的就越多。(学生具体举例,略)

师:那么,还是分橘子,被除数不变的规律是什么道理?和同桌说一说。

生1：被除数不变，就是总数不变。就是那几个橘子，平均分的份数少，每人分到的个数就多，平均分的份数多，每人分到的个数就少。

生2：比如总共就10个橘子，平均分给1个人，每人可以得到10个橘子，如果平均分给2个人，每人就只有5个橘子了。

在情境中浅显浸润过的学生，能顺利地应用"分橘子"的情境进行说理。课件动态配合，学生充分地感受到了当份数不变的时候，随着"总数"的变化，每份数跟着变化的道理。随后让学生自己再尝试举例说明，通过丰富素材来进一步理解商的变化规律，提升规律的应用能力。一条规律的"本质"被感知之后，第二条规律的感知则放由学生自己说"理由"。学生迁移"分橘子"情境，自主感知当总数不变的时候，份数与每份数的反比例关系。

5. 沟通规律，从"三条"到"一条"

商的变化规律这节课，得出三条规律不是最难的，难的是，三条规律都归纳出来之后，还要厘清学生在记忆、描述、应用等层面的混淆与干扰。所以，激活经验沟通规律之间的内在关联，将其简化成一条规律，是非常有必要的。

师：我们研究了除数不变的情况、被除数不变的情况，你想想还可能有什么情况？

生：商不变。

师：什么情况下会出现商不变的情况？猜猜看。[举例说明的验证过程略，板书：（被除数 ×2）÷（除数 ×2）= 商]

师：观察全面，考虑细致，你们充分验证了自己的猜想。明明被除数变，除数变，都会引起商的变化，怎么现在变成商不变了呢？

生1：（指着板书）当除数不变，被除数乘2时，商也跟着乘2；而被除数不变，除数乘2时，商反而是除以2了。也就是说，把它们合在一起的话，就是被除数乘2，除数也乘2，商就是先乘2再除以2，就抵消了，所以商不变。

生2：因为抵消了，本来橘子多了，每人分到的橘子也要变多，但是现在人也多了，所以，每人分到的还是不变。

师：哦，又想到分橘子了，那你们哪里看到抵消了？

（课件配合,表述,略）

师：你觉得咱们这节课研究出的三条规律,其实你只要记住哪一条就够了？

生：被除数乘几或除以几,除数也乘几或除以几,商不变。

师：为什么？

生：第一条规律是指被除数乘几或除以几,商就跟着乘几或除以几。第二条规律是指除数乘几或除以几,商反而要除以几或乘几。被除数和除数同时乘几或除以几,最后抵消,商就不变了,得到的就是第三条规律。所以第一条规律和第二条规律是第三条规律的一部分。

通过将分类研究过程中一步步归纳记录的等式进行对比,学生利用之前的经验和本质的理解,自然地将三个规律串联成了一体,将三条规律变成了一条规律,从抵消的角度深层次认识了商不变的性质。

6. 趣味表达,唤醒"生动"记忆

儿童总是对童化的、趣味的语言和动作表达方式情有独钟。当略显枯燥的抽象规律与戏谑的趣语以及动手表演糅合,学生的兴趣就会被激发。同时,喻词本身蕴含的特征与规律的特质相联,能助推学生对规律的理解。操作演示更是能形象化地让各个能力层次的学生都生动地感知到规律的特点。

师：如果我们比较有趣地去形容它们,你觉得商喜欢跟着谁走,喜欢听谁的话？

生：被除数。

师：它喜欢跟谁对着干？

生：除数。

师：你们是怎么想的？

生：因为除数乘几,商反而要除以几。被除数乘几,它就跟着乘几了。

师：好,商就这个性。那现在伸出你的手,把它放在一定的高度,代表现在的商的大小。除数不变,被除数乘3,商在哪里？（学生把手举高）

师：好,停住不动,现在除数也乘3了。（面向手放桌子下面的学生）你是怎么想的？

生：除数乘3，商反而要除以3，变小了，我就把手放下来了。

师：都是放下来，为什么你们之间手的高低差这么多（与手回到原位的学生相比）？

师：我想问你，你一开始手放在什么位置？你再放一下。（学生照做）一开始你的手比桌面高，被除数乘3时，手升上去了，除数乘3时，不是应该抵消回到原位了吗？

生：是的。我只想到变大变小了。

师：你问到了点子上，咱们一下子都明白了。原来的商在什么位置，现在大概能到什么位置，咱们都得想明白。根据被除数和除数的变化，商会做出相应的变化。我们让商再"跑一跑"，被除数乘10（学生手举高），除数乘20（学生手放很低）。我看得懂你们的手势了。

师：这里有几个式子，请你先用手势摆一摆商的变化过程，再写出现在的商。

根据 $\triangle \div \bigcirc = 60$，计算下列式子的答案。

$(\triangle \times 3) \div \bigcirc =$

$\triangle \div (\bigcirc \times 3) =$

$(\triangle \times 5) \div (\bigcirc \times 5) =$

$(\triangle \times 999) \div (\bigcirc \times 999) =$

$(\triangle \div 4) \div (\bigcirc \times 3) =$

学生在"听谁的话""与谁对着干"的表述下快速把握住了除式中各数之间的关系与变化特征，又与"手势摆一摆"的操作演示结合，对商变化的"一条规律"形成了深刻的认知。

跟进探究作业

课后，安排学生完成如下数学探究作业。

探究作业：请通过自己的大量举例，来说明商变化的规律。

经历了商变化规律的探究学习，学生在作业中会凸显什么？会保留哪些

倾听与反思
特级教师修炼日志

印象深刻的知识经验？结果表明，学生主要选择以下三种形式表达。

1. 大量举例，一一对应

由于在课堂教学中强化了一一对应，发现不同算式各数之间变化规律的方法，因此学生在探究作业中，采用的最多的方式就是大量举例除式，并一一描述出变化的过程。其中，有一部分学生能从"类"的角度举例描述。例如，张阳同学从"被除数变化，除数不变；被除数不变，除数变化；被除数和除数都变化"这三类入手，举例探究。同时，按"类"研究的方法顺利迁移，把"被除数、除数都变化"的情况分成四类，一类是"被除数乘、除数除以同一个数"，一类是"被除数除以、除数乘同一个数"，一类是"被除数、除数同时乘同一个数"，一类是"被除数、除数同时除以同一个数"，再分别举例、归纳联系。学生在数与数一一对应比较的过程中，进一步掌握了商的变化规律。

2. 戏谑趣名，内联生动

儿童总是对生活中的趣味语言有着独特的记忆，"商听被除数的话""商和除数对着干"，这内里相通的戏谑说法有助于学生生动地去理解和应用。学生在作业中也趣味十足地表达了出来。

有些学生还会自己衍生一些趣味说法，如"商遇见被除数就是听话的乖乖女，遇见除数就成了不听话的小恶魔""被除数是大王，除数是造反的将军"等，不仅呈现了对商变化规律的趣味识记方法，也表达出了对三条规律之间联系的认知。

3. 情境图形，虚实穿行

还有的学生能用图示动态表达其中的变化，能借助数学情境来表述规律，折射出课堂教学中从式子一一对应到情境应用的探究过程，展示出抽象和具体之间穿行的张力。

可见，只要基于学生已有的认知经验去关注比对发现的策略，关注三条规律的内在联系且予以沟通，并在生动的语言表述和动作表达中进一步强化规律之间的联系，学生完全有能力掌握商的变化规律，并能有趣灵活地加以运用。

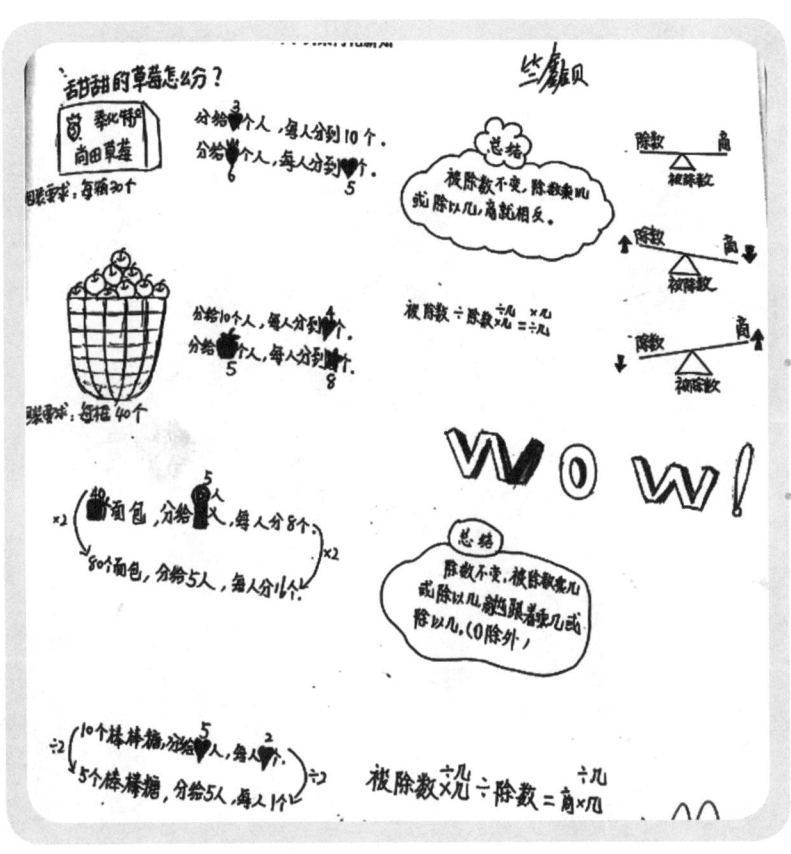

2018 年

1月8日 | 回头看一看

期末已经综合检测过两回,明天下午还有一次。

很快,这学期就过了。

卷子讲评,上了一节"回头看一看"的复习课。

回头看,看什么呢?

比如填空题,"长4.88米的木料锯成0.12米长的小段,可以锯(　)段,余(　)米"。答案填入后,请你回过去想一想,用"商×除数+余数=被除数"来看看自己的答案是否合理。这道题的"回头看"可以和解方程的检验结合在一起讲。

孩子在明白了"回头看"的大致意思后,每一道解决问题都试着去观察思考:看看自己要怎么"回头看",有哪些策略去"回头看"。比如"回"到数学故事情境估一估合理性,速度提升后,所用时间应该更短了才是;比如画图,"回"到思维的底部(最早出发的地方)去确认,鸡啊兔啊植树啊,画一画;比如举例,"回"到整数、"回"到小一点的数,有助于自己更清楚地感受数量关系……

解题,回头看,看见自己的思考,发现自己的问题。

日子,回头看,为的是未来的日子。

2017年,是我的本命年,喜悦与悲伤、收获与挑战,并存。常年的坏习惯,让身体大不如前,这一点已在反思中,"锻炼"一词开始出现在我的词典里。

辛苦的日子,收获自然是有的。前两天,看见校长的Excel文档里的"个人荣誉记录",很是感叹。做事靠坚持,靠每天一点点,记录、档案工作也是靠

倾听与反思
特级教师修炼日志

遇到就记录，靠每次一点点。同理。我怎么就没联通起来呢？抽个时间整理起来，方便自己回头看。

这学期，有一段时间看了很多书。像"吃"一般，每日吃掉许多，也同步购入许多。回头看，那段时间正好是我做完日常教学工作就没有其他任务的一段休养时间。阅读与跑步，就启动了起来。待11月中旬开始，任务积攒，我就没再好好看过一本书了。这只能说明我还是没有养成好的阅读习惯，我的阅读就如同吃鲜奶蛋糕，顾上了，觉得好吃，就吃很多，顾不上，就忘了个干净。只有变成一日三餐，方是真正进步。希望2018年有所进步。为师，总得和自己的孩子、别人的孩子一起进步一些。

2018年，才第八天。但已经预想到了一些收获，一些任务。比如，明天就会见到可爱的建建老师和未曾谋面的王老师，打算聊聊思维导图。这是我的重点课题"画数学"研究中的一个点。期待一场思辨式的畅聊。

1月12日 | 宝贝,你能考几分

这两天,小学完成了期末考。

能考几分,成了备受关注的问题。

我对分数的感受是这样的——不轻视,也不过于重视。

分数,是能反映出一些问题的。比如说,某些技能尚不熟练,某些知识尚未理解,比如说,解题方法没有掌握,等等。

当一张卷子上,娃暴露出太多粗心的问题时,一定要认识到,错误的本质并不是粗心。比如抄错数据、看错数字,应该是图像识别能力略弱了些。如果把试卷的字放大些,卷面印刷好一些,这类错误就会减少很多。而类似"4×7"算错,"13-7"算错,则是技能没有掌握的原因。觉得奇怪,五年级的娃怎么可能不会做这种题?是的,他们会做,但有些孩子有时对有时就会错。这说明当初学习的乘法口诀和20以内进位、退位加减法,娃还是不够熟练,没到自动化的程度。"1+1"会算错么?就算错,也少得多了。

除了粗心这个话题,围绕考试分数的,往往还有"笨"与"聪明"这对关系词,尤其是数学学科的考试分数。

我们时常会听到感叹:学数学,聪明的娃觉得轻松简单,笨的娃怎么说怎么不通。所以,很多人从娃娃时期就恨起了数学,小小年纪,就已经会感叹自己不是学数学的料。

其实,在幼儿园的时候,很多娃娃都觉得自己无所不能,像奥特曼一样强大。

教育,最成功的教育,应该是让每个人能像自己五岁时那样相信自己的力量,以一个五岁孩子能够激发的所有乐观相信自己。

倾听与反思
特级教师修炼日志

我非常喜欢这句话——即使学业艰难,我也能够学习并变得更聪明。

更聪明的表现之一,就是技能的掌握。

技能的掌握,需要一定的练习量。尤其是小学生,需要一些重复性操练。只有经历了一定的重复后,他们才能真正掌握相关的知识与技能。只是,每个孩子需要重复的次数不尽相同。有的孩子重复一次就记住了,有的孩子需要重复五六次才能掌握;有的孩子通过文字信息、语言表述就能理解掌握,有的孩子则需要直观辅助、图像支撑。

需要重复操练次数多的孩子,学习就会相对吃力,时常会处于"逆境"。他们很有可能在分数上的收获暂时少些,但如果足够努力,其抗压能力、坚持的毅力都会胜人一筹。只要肯努力,每天一点点地去坚持,最后的收获一定是公平的。

所以说,宝贝,我们通过分数,可以去发现一些自己目前存在的问题,但也不必过于重视,因为数学分数代表的仅仅是对卷子上的这些习题的理解程度,并不能展现你全部的数学学习投入和数学学习能力。

只要你愿意相信自己,愿意坚持,愿意承受艰难,一切都会发生神奇的变化。

1月14日 | 宝贝,我们怎么加油

前两天,推送了《宝贝,你能考几分?》一文。

现在什么都讲究大数据。查看此文的"阅读来源",大数据清楚地显示了有多少人通过哪一种方式阅读了这篇短文。1310次的阅读次数,在我的公众号文章里排位第三。而我发现,我的朋友圈带动了最大份额的阅读量,公众号本身带来的阅读量还不及好友转发后带来的阅读量。

可是,公众号本身有几千位关注者啊,为什么阅读量反而少呢?

其实,很正常。

因为那是单向的输出,因为现在是资讯丰富的时代。我们缺的不是资源,到处都是资源,我们缺的是"互动",是"自发地寻求"。

就像孩子们的学习。

我们推崇互动,推崇人人参与活动,目的都是为了打开学习的通道。如今,考分已下,但说着"继续加油"的话的,基本是老师和家长。

那么,宝贝们,咱们自己要如何加油呢?

首先,我们要查漏补缺,错误集中的地方,就是自己的"薄弱地带"。我们可以把它们记录在错题本上,还可以把原题稍微做一丢丢变化,多练习几次。

其次,我们要把常用的读题的方法、图形标记的方法、画图的方法,再整理整理。知识,会分这学期、下学期,方法却不分学期,一直一直都能用下去。

第三,还是要相信,任何的经历都是一种成长。只是收获的东西有些不一样罢了。喜欢数学的人,一定是享受过解题的乐趣的人。那种解呀解呀解出来的喜悦,非常美妙。那种探呀探呀探出结论的过程,非常美好。

目录,就是对新学期知识的一次梳理。

细细地看一看,下学期我们要学一些什么。我们可以想:

哪些知识和我们学过的知识有联系?你能想到的是什么联系?

哪些知识是新的知识?你对此一无所知?你可有好奇?翻开看看,可有所悟?

哪些知识内容很多,有很多很多页,将是我们学习的重点?你可有兴趣?

……

这个过程,是和新知识对话的过程。只有自发地去对话,才是一个好的启动。

好的对话,会让我们更加坚信前方;单向的输出,注定看不到学习的风景。与知识对话,与同伴对话,与老师对话,与自己对话,一切,才会鲜活起来。

一起加油 —— 宝贝,学会打开自己周身的学习通道,开启自发地学习的对话。

1月15日 | 作业反思

—— 哇,乐趣都在作品中

周末,小家伙们订正期末卷,分析错题。

分析错题的作业,有些小家伙写得非常漂亮,但是分析本身却被弱化了,往往没有把错的原因写清楚。

学生作品(仍有错误)

可见,"时间、速度、路程"的问题真是一个难点。等学了比例,或许会好一些。

梓妍的大作相当好看,花了不少时间,却没有分析出错的因由。如果说,就是这样把错题、正解罗列一下,那就有些"高成本",性价比不高了。

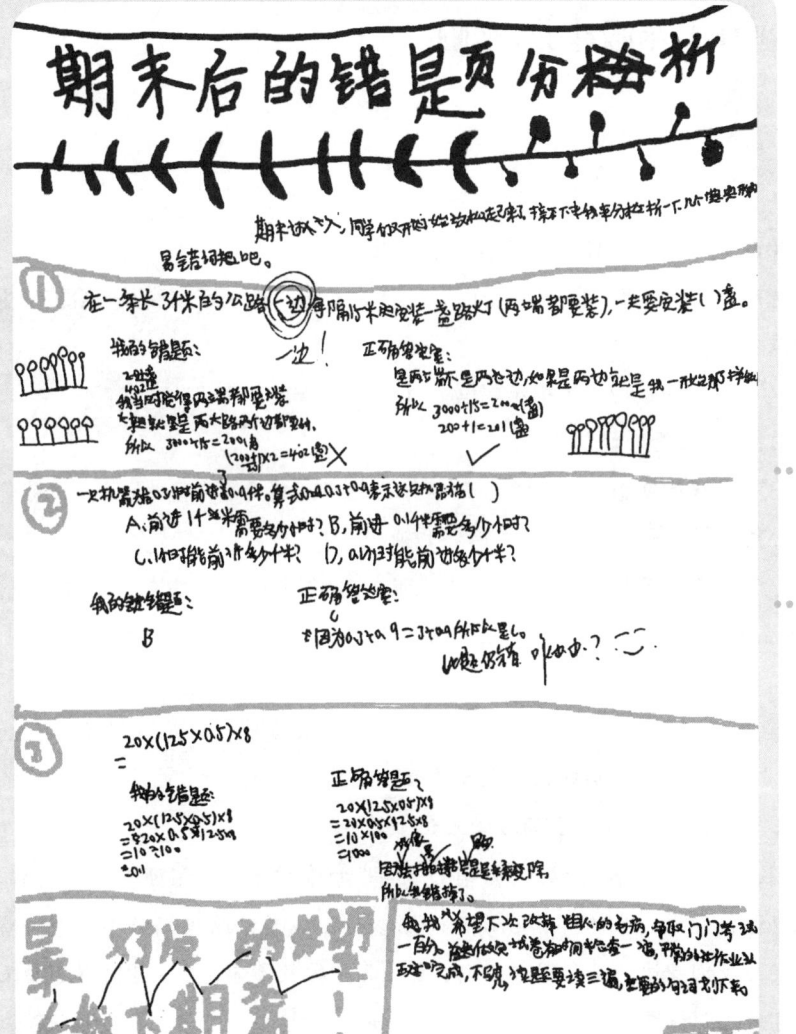

一份优秀的作品，然而还有一道题，错误依然存在……

1月20日 | 寒假作业，来啦

2018狗年寒假501班数学作业超市开张啦。

选择性完美体现（臭美一下），而且设计了九种私家定制商品，给孩子更多的选择。

2018狗年寒假501班数学作业超市

亲爱的同学们，爸爸妈妈们：

充满喜庆的寒假即将到来，数学作业超市又将开张"营业"了。请你们家庭协商选择"商品"，起码选购两种作业。

一号商品：寒假微信说题申报。可在20题中选择性申报，先报先得。

（温馨留言：必须要提供自己照片1张，自我介绍1段，说题视频1个）

二号商品：常规解题练习。

（温馨留言：会布置在"作业盒子"中，分9天发送，每次16小题。做的时候，要备好草稿本，要有家长在旁监管）

三号商品：300字以上的数学日记1篇。

（温馨留言：内容可以是"欢喜过大年"的采购活动，也可以自定内容。要求电子稿发送到我的邮箱6763560@qq.com，我会修改投稿数学报哦。要留心观察我们身边的各种数学信息，发现其中的数学味，要尽量写得有趣又有思考味儿）

四号商品：制作一张错题卡。（8开纸，绘、做）

（内容包括：1.本学期自己的错题摘录；2.研究总结自己的犯错特点；3.规划自己的少出错练习计划）

五号商品：探究作业——大立方体大探秘。（8开纸，绘、做）

（内容提示：1.利用立方体木块，拼出更大的立方体，100个小立方体能摆出多少种大立方体？2.每一种大立方体的表面如果涂上油漆，三面涂色的、两面涂色的、一面涂色的、不涂色的小立方体，分别有几个？3.你能发现什么规律？请在A4纸上画一画草图，算一算，写一写，好好探究哦）

六号商品：探究作业——我为分数来"代言"。（8开纸，绘、做）

（温馨留言：分数早就认识了，但以前只是初步认识。五年级下册有哪些单元的知识和分数有关呢？慢慢翻书细细想，为分数做一次精彩的"代言"吧）

七号商品：数学小制作——长方体、正方体。

（内容包括：1.看书自学，用卡纸画好长方体、正方体的展开图；2.制作成立体图形，粘贴在硬纸板上；3.算一算它们的表面积和体积，画、写计算过程的纸条也贴在硬纸板上）

八号商品：数学绘本创作。（题目自拟，格式自定）

（温馨留言：既然是创作，要有一定的页数，要有一定的创意，蕴含数学知识或道理。内容可以是四上某个单元的知识点，也可以挑战五上的数学知识点）

九号商品：私家定制。（题目自拟，格式自定）

（温馨留言：自己给自己布置的数学作业，形式不限）

<u>我们家庭协商决定选择（　　　）号和（　　　）号数学作业。</u>

希望你们愉快地为自己的选择而努力！

践行人签字：_____　　　爸爸妈妈签字：_____

其中，一号商品的说题内容有20个，可以自主选择。不仅仅有说"题"，还可以说喜欢的数学游戏、数学故事……

1月24日 | 作业
——鲜活的"代言"

孩子们"代言"起来，已经有驾轻就熟的范儿了。

代言的次数多了，昨儿个一说"今天的探究作业是……"，孩子们异口同声说"代言"。这就是经验，他们知道了，学了好多数学概念后，可以通过代言的方式，将自己的习得予以呈现。

尹竹因为退烧不到48小时，还不能返校学习，但是，好学的她，昨天、今天，都利落地来校把作业亲手交给我了。我都想吓唬她了："你要是把我传染上了，咋办？"再想想，她这么乖，传染一下也是值当了。她还是采用了她最爱用的"竞赛故事"的形式，一一罗列奇数、偶数、质数、合数的特点。晨铼的代言，跟我的微信行文风格类似，也很习惯用不同颜色字体标注重点，哈哈。重点清楚，逻辑没毛病。周挺在完成作业的过程中，投入了很多自己的思考。举举例子，归纳归纳，数学问题往往就是这么解决的。贝贝的字很赞，通过具体的数表达了奇数、偶数、质数、合数之间的联系。借助韦恩图，小琳发现了"自然数要么是奇数，要么是偶数"。萱说："我是0，是最小的偶数，他们找什么数的时候，总喜欢把我扔了。"清楚的表达，是家乐的特点，小标题式，非常干净、显逻辑。子安对0、1、2、4、9的辨析比较详细。卓也，让我刮目相看哦，真的是"摆摊"展示，画图说理很尽心。瀚霄的代言看上去比较"高端大气上档次"，不过产品的"内在属性"介绍得不是很深入。梦婷板块清晰，每一块都作图说明，代言得非常细致，如果板块之间的联系也能表达出来，就更好啦……

在此展示几份我很喜欢的三星作品：

书含的作业再次洋洋洒洒，既有学习后的概念呈现，也有列表后的分析推断。

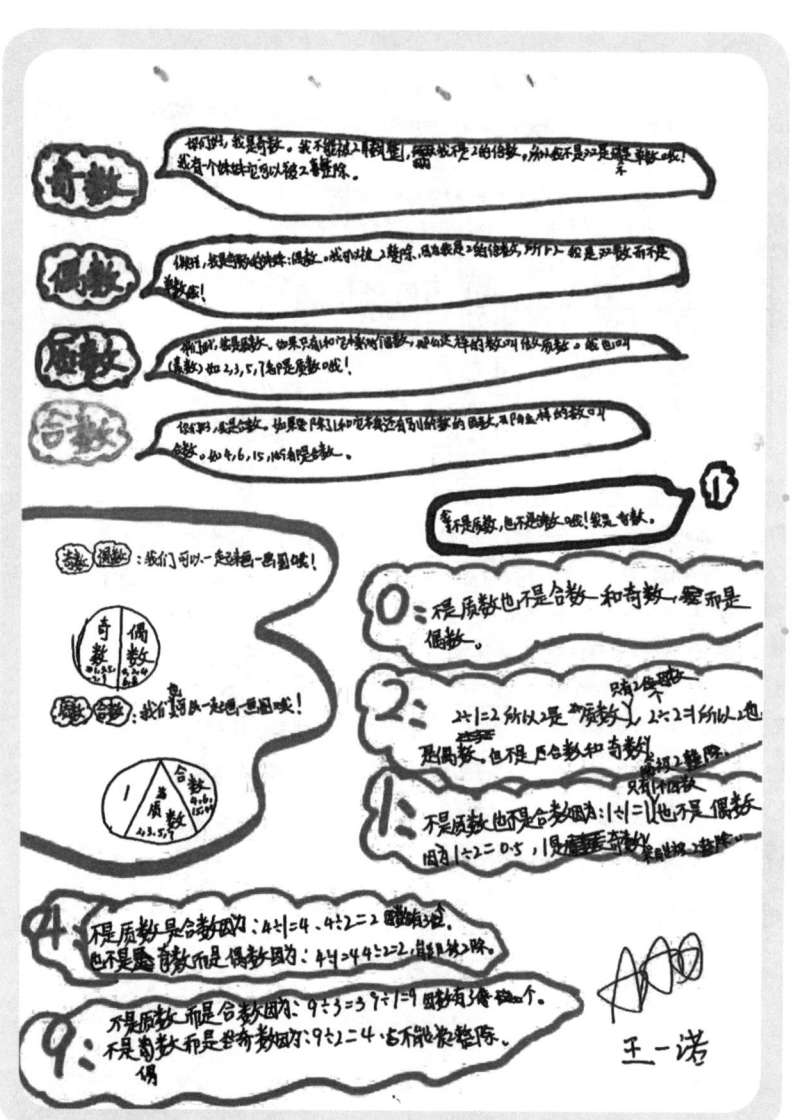

一诺先分块说,再利用几个特殊的数联系着表达概念,不错哦。

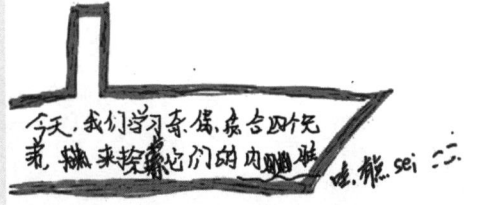

今天,我们学习奇偶,质合四个兄弟,接下来探索它们的内心世界。真是混乱

奇:我是奇数,我并不能被老2整除,但是我+我=偶数,我×我=奇数,我×偶数等于偶数,我+偶数=奇数,我的祖先是1,个位是1、3、5、7、9的都是我堂兄。

偶:我是老偶,我敢被2整除,两个我相加还是我,两个我相乘还是我,我的祖先是0,个位是0、2、4、6、8的都是我大哥!

合:我是合姐,我的因数除了1和我,还有其它因数,就是姐啦!我的小妹是4,我们兄弟姐妹可多啦!

质:我是小质,我的因数除了1和本身已没了其它,这个数就大……的小弟是2,1不是合姐和我中的,他是流浪汉

"奇数""老偶""合姐""小质""探索内脏""堂兄""子民""流浪汉"……楷文,我对你是服气的。

3月30日 | 靠什么？慈悲

感动和收获太多的时候，文字反而干涩了起来。

中午，到奉化动车站接来了喜欢自称"女巫"的斯女神。斯老师有"爆"金句的特点。我把"爆"到我的金句做了记录——

1. 好课不一定有标准，就像美女不一定有标准。一定要双眼皮吗？一定要高鼻梁吗？未必。但是基本的要素是有的。课也是如此，也会有要素：有序，有趣，有用，有挑战性……唯一指标是学生是否有发展和进步。

2. 孩子在课堂上不应该想证明"我很听话"，应该是证明"我很能干"。

3. 孩子都会，还得听我们慢慢绕，孩子的能耐成了"懂装不懂"。

4. 数学课很少有真正的新授课，我们要把大部分的数学课当成复习课去上。

下午，斯老师和我们要先听两节计算课，人教版二下《混合运算》的例1和例2。

两课的教学路径基本一致：出示图文信息情境 — 提出问题 — 学生尝试 — 实物投影展示 — 教师带着学生学习规定 — 练习巩固。

像运算顺序这类规定性的知识，如何让学生跑进来？的确是个问题。放手尝试，到底会出现什么情况？所有的情况如果放在一起，让学生自己来感悟"哪一种看得懂？哪一种不容易错？"学生能否感悟到规定性的必要性？

第一节课有一次对话如下：

师：你见到过吗？你知道它叫什么吗？

生：见到过。它叫递等式。

第二节课有一次对话如下：

师：后面一步先算，我也写一个算式 2×4+2，可以后面先算吗？如果要后面先算，怎么办？

生：加个小括号。

师：小括号，我们下一节课再学。

这段对话，让听者产生好奇——

好奇1：遇到这样的问题，会主动列综合算式的有多少个孩子？

好奇2：会列综合算式的孩子中，有没有主动用递等式计算的？

正想着，一旁的斯老师就布置给我"任务"，快去找两个班做例1和例2的前测：将例1、例2进行前测，一个班规定"请用递等式完成计算"，另一个班不做规定。

我找来龙津实验的数学老师，没想到二年级段都已经上完例1，那我只能做一下例2的前测了。我将检测做了调整，202班先进行例2两级混合运算的前测，手写了6道两级混合运算的题目，让孩子计算结果。40个孩子，有2个孩子是用笔算解决的，有8个孩子是画线直接写得数的，其余的孩子是用递等式计算的。计算出现错误的大概占30%。随后，进行例1同级运算的后测，且规定了"请用递等式计算"。

有趣的情况出现了：同一个孩子，明明会用递等式，你不规定他就不想用。怎么样，我都会，我就是不干！

斯老师说，我们的课，一定要让学生多尝试，互相看不懂了再讨论，再矫正。

斯老师说，谁先算的道理的理解，靠情境，可以给出情境让学生去对接，也可以让学生自己编。

斯老师说，解决孩子不愿意用递等式的问题，靠变大数据，比如"92-8×7"，自发需要记录。

三言两语，学生立场，醍醐灌顶。

整个活动，留给斯老师发言的时间并不多。

点击精华——不同的学科有不同的序，备课要走进课的教材线索。

影响一节课的要素：

教什么？——典型性、结构化、挑战性、系统化；

怎么教？——有序、有趣、有关联；

谁来教？

讨论两个问题——

怎样才算是集体备课？如何让教师在磨课中把握上课的要领？

斯老师以海亮小学为例，讲了集体备课、磨课过程中老师真实的情绪和变化。我听着，竟自动翻译成了孩子们的表现和变化，一边听一边反思自己。

一个人，到了一定境界后，心肠便会慈悲起来（当然，有些人会反向行走），以帮助别人、推动别人成长为乐。我好运，遇见的慈悲的良师不止一个两个。我希望自己能永远单纯地穿行在自己喜欢的事情里，永远和孩子"慈悲"对话，更"慈悲"地去影响我该影响、我能影响的人。

明天，31号，是宁波教科所主办、我校承办的探究性作业课题推广活动，希望是一次"慈悲"的分享和影响，而不是锦上添花的热闹。

起床，该忙碌去了。

4月1日 | 承办课题推广会,我们做了些什么

晚饭后,得了空闲,打算回顾一番这次课题推广会承办中的几方剪影。

1. 酝酿,积累,成果获奖

"小学数学探究性作业的实践研究"课题起步于2012年,于2016年5月结题,同年7月获宁波市教育规划课题一等奖,11月获浙江省教育规划课题一等奖。课题成果的成绩,是能否得到后续推广的重要因素。

2. 持续积累,推广深化

小学数学探究性作业,当初我并不是为了立个课题才去研究,自然也不会因为课题结题而结束研究。就像团队中的严佳琪所言:"我会感兴趣,是因为批改探究作业真的让我非常快乐。"因为觉得有乐趣,因为觉得有意义,老师们才会愿意尝试,我们的团队才越来越大,辐射才越来越广。而这持续的深化研究、大范围的推广,是获取课题推广资格的重要一步。

3. 资格申报,提交方案

宁波教科所一贯重视课题推广工作。我们在具备推广条件后,向教科所提交了《"发展高阶思维的小学数学探究性作业的实践研究"推广方案》和具体的《关于举办探究性作业课题成果推广展示活动的活动安排》。通过实地考察,确定得到推广资格。

4. 资料准备,呈现研究内涵

在宁波教科所确定为此课题举办推广活动后,作为承办方的我们,就要开始准备会议资料。

会议的资料册较为完整地呈现了课题推广历程,将其与课题其他成果一起放入资料包,让与会嘉宾更加了解该课题研究的内涵和走过的路径。

5. 制作视频，增加了解

一般为了利用活动开始前和活动间隙的时间，承办方会播放相关视频。但是制作一个视频非常耗时。我很幸运，2016年的教师节，奉化电视台对我做过一个专题采访，作为教师节的献礼。整个片子从学生立场呈现了我对教学和作业的理解。看到视频里带了4年的娃，有点眼眶欲湿的小感慨。

6. 确定汇报视角

我们准备了教师汇报与学生汇报。我侧重整体阐述，三位组员则抓住自己平时践行最多的一个点进行汇报。研究的随行者，我认为不应该是模仿者，他们应该将自己的研究与探究性作业做一个结合，在一路同行中深化自己的思考，这样研究才会具有生命力。比如，朱震绯在研究错题，那么错题类探究作业就是她研究最深的一个点；比如，任宁带着莼湖镇校的数学老师在做数学步道的课题，通过探究性作业的自由空间，给孩子一个表达和再创造的机会；比如严佳琪所在的高新区外国语学校，重视小老师培养，因此说题就成了她研究最深的一个点；比如锦屏小学的丁玉成，承担了宁波教研课题"推理能力的培养"，那么让孩子在探究作业中"推理"，就成了最合适的研究路径……而这些接地气又有实践力的观点，就是最合适的汇报素材。

而学生汇报，有不同年级、不同知识领域的内容。童言稚语，感人至深。

这些，都是可以预料的过程，

预料不到的是如何互动，

互动的效果如何，

预料不到的是专家如何点评，

点评的效果如何。

很幸运，

这次预料不到的比预料到的还要精彩。

这是我的幸运，

我的幸福。

不忘初心，稳稳前行，方对得起这份幸运。

4月8日 | "课霸"的诞生:看我怎么混下7节数学课

喜大普奔:我"被迫"成了"课霸"。

学校里有一半的教师身负光荣的使命,前去奉化中学执行高考监考任务。于是,我就有了"扎根"教室不挪步的机会。

今天,我手握7节课。

兴奋。

先分析"作业盒子"上的错题。

"作业盒子"的功能更新很快,其中的"分步解题"和"投影说题"我最为喜欢。一体机上二维码扫描打开"投影说题"——10道折线统计图的正确率全部呈现,每一道题目哪些人分别选择了哪个选项都清楚罗列。

真是技术服务教育啊。

我们从正确率最低的题目开始说起。

孩子对于"平平的折线"代表着"时间在推进、路程无变化"的理解存有困难,来来回回互相说了无数回才明白"原地停留"是什么状况。

一节课,也就分析了6道题。

那种不着急的节奏,真是爽歪歪。

中途大课间,孩子们畅玩了半小时。

安和他妈妈过来了。这娃身体不见好,真令人心疼。悲伤的妈妈我也不知道如何安慰,唯有祈愿他快快好起来。

"同学们,安同学最近一直在生病,一有触碰他就很痛,一旦感冒咳嗽他就很痛,他会整天没有力气,注意力难以集中,医生都建议他休学,但他还是坚持来学习,而且还听得很认真。这是多么有毅力的表现,我们为有这样的

倾听与反思
特级教师修炼日志

同伴感到骄傲。"掌声哗哗哗，有几个娃的眼睛开始"晶亮"了起来……是啊，我们都很难过，我们一起加油。

继续折线统计图的"投影说题"。

1.5节课，完成了10道题的解说。

每一题分析完，孩子们就会要求"看看名单"，我一点"展开"，他们就会兴奋地喃喃自语："啊，他也做错了""啊，我做对了！"

还有0.5节课，我们开始回顾关于长方体、正方体的一份练习卷。说解题思路，说陷阱。

才说完填空题，就下课了。

最近，孩子们上课回答问题的感觉好得要命。

我不知道是不是跟名牌有关系。我为了自己能较为"均匀"地指名学生回答问题，就想了个招。跟美术老师合作（在此感谢美术程，她的专业能力总让我的设想被更完美地呈现，上次上"垂直与平行"一课，也是她帮我画的卡通数学王子与平行四边形队长），给每个孩子制作了三色名牌——红、黄、蓝三种底色，名字自行设计，做成三角牌子。上课时，先将红色面向我，回答一次问题后将黄色面向我，回答两次问题后将蓝色面向我，回答三次及以上就把牌子竖起来。

这样，回答问题的情况，我就一清二楚了，不仅能让我更好地调控，也便于一节课结束后进行小结。

又一节课，完成了练习卷的讲评。

重点是画图分析。画，说，画，说，一节课就没了。

师：三节课就这样上完了。你们觉得累么？

生：不累！时间过得好快！已经三节课了！

接下来，我要上新课了，这节课得转转味道，提提神。

《旋转》单元教学——启动。

师：关于旋转，你已经知道了些什么？

生：方向、角度、点。

师：说具体点儿，动作演示一下，让我们知道。

其实，早上四节课，真有些意犹未尽。

但是，13：05 开始的下午第一节课，走到后半节，我就明显感受到了"春的气息"。好在课件"旋转"的播放，绚丽多彩，孩子们很惊叹简单的图形经由"运动"可以幻化成那么美丽的图形。七巧板的画风和描述也挺"提神"。

但我清楚，下节课不能继续上新课了。

"同学们，今天还有两节课。大家的任务来了——《旋转》单元有 3 页练习，都是画图和看图回答问题。你们现在开始做，然后给我批改，并做好登记。同时，《找次品》单元和《折线统计图》单元若有没订正的题目也订正好。这些任务完成后，就可以自由安排时间，你可以看书，可以做作业，也可以去操场上玩耍。今晚也没有数学作业。"

"啊！刘老师你最好了！"

"啊，爱你爱你爱你！"

"耶耶耶！"

我认真地享受完"马屁"，开始低头做题——孩子们做题，我也要做题。

隔一会儿，就开始面批作业。孩子们的解题速度开始和我接近，这是好事。这些题目看上去有 3 页，其实也就 7 大题，批改起来也挺快。错误主要集中在"与中心点相连的两条边没有落在格子线上"的图形旋转作图。

好吧，"课霸"的一天就这样结束了。

全部扫空，快乐放学。

真是"唯我独尊"。

明天上午还有半天"课霸"时段，下午方打回"原形"。

"分数的意义""分数与除法"，有两位老师来班里试教过了。相关的练习都空着，"分数与除法"后面还有一节"一个数是另一个数的几分之几"没学过。明早就把"真分数和假分数"前面的学习内容都慢慢地"清"了吧。

4月16日 | 如果，静不下来呢

第一节课，讲评作业。通过"作业盒子"的技术统计分析，发现有一道题的正确率仅12%，可见这类题掌握得还是不大好。什么题呢？题目大致是"要得到3/5米，可以把1米平均分成（　）份，取其中的（　）份；还可以把3米平均分成（　）份，取其中的（　）份"。先让孩子们讲讲哦。讲到大概"牛排5分熟"的火候，就是吃是可以吃了，但是有些人还不太习惯吃这么"生的牛排"，或者说有些人吃了后会"肠胃不适"，我讲了一个方法：读题，把文字"妥妥滴"翻译成算式"1米÷（　）×（　）=3/5米，3米÷（　）×（　）=3/5米"。括号内，学生需要填的是他们一向理解比较到位的怎么平均"分"和"取"的情况。再对比两种分取法的异同之处。希望这次，"肠胃不适"的娃能少一些。

第二节课，竺君斐老师试教"有余数的除法"第一课时。课的具体内容不做剧透，竺老师思路清清爽爽，小屁孩们算是顺溜溜地学下来了。我在想的是，二年级小朋友遇见有磁铁的小棒，小手再也控制不住了，我们该怎么办？磁铁吸住又分开的滴答声，小眼睛的注意力……都会让执教老师感到"累"。来个什么招好呢？

第三节课，冲回家添了衣服。昨晚连天气预报也看岔了眼，明明记得艳阳高照25摄氏度，结果却是一整天都阴沉沉地发冷。感冒咳嗽还没好的人，禁不住清冷，不能怕麻烦。

第四节课，还没和竺老师说上几句，时间就提醒我：可以吃饭、值周、站岗去了。

饭后，操场上走了3圈，然后开始改卷结分。

下午两节课,分别听了卓芬波老师的"分数与除法",竺琳老师的"真分数和假分数"。第三节课,坐下来讨论。和李蓉、王婵丹一起讨论,思考碰撞,分点改进,受益良多,一种久违了的美好感觉。

走回办公室,感觉自己一整天水也没喝过,很是有些心浮气躁。打开手机,处理一些信息、杂事。

当好听的放学音乐响起时,才发现一天又过去了。

突然很想要,静静的、安心的、孤独的,时光。

回家简单吃饭后,打开了电脑。哦,好多温暖涌了过来。

陌生的朋友,温暖的留言。

鲁:超喜欢看刘老师发的文章,都好接地气!我这新手可以直接借鉴学习起来!这样日常、具体的多来点,爱你哦!

相伴的幸福:刘老师,我也教五年级,看了刘老师的文章我边学边模仿,受益匪浅。

于是,想着……每一份思考的传递都有了价值。

晚上8:00开始,将是朱乐平老师的专题引领网络会议,主要围绕"心态、问题、对策"三个方面展开,将对"如何认识人、如何进行研究分工、如何开展一课研究"等方面进行阐述。可见,朱老师要针对当前可能存在的一些问题做针对性的策略引导。

静不下来怎么办?

就码字啊。文字是心的家,码一码,即便凌乱之语,人也会静下几分。

倾听与反思
特级教师修炼日志

4月17日 | 看看娃跑到哪里去了

娃跑到哪里去了？

早上，学习分数的基本性质。照例先问：分数的基本性质，知道不？孩子们噼里啪啦说了一通。基本都能说得八九不离十了呢。于是，我板书了一个分数，"开小火车，一人说一个与3/4相等的分数，大家认为相等就往下'开'"。不一会儿，左侧的整块黑板接龙了几十个相等的分数。

师：你们想相等的分数的时候，有什么秘诀？

生1：只要分子、分母乘一样的数就可以了。

生2：反过来想，除以一样的数就可以了。

师：就是按你们刚才说的分数的基本性质来，对伐？那问题来了。为什么可以这样变化，而大小不变呢？

晨铢：因为分数和除法有关啊。分子就是被除数，分母就是除数。

佳昊：商不变的性质我们学过了。分数可以化成除法，就可以用商不变的性质。

师：除了分数与除法的角度，还可以怎么说明？

珅煜：我上来画图。假如这个正方形是一个饼干，它的3/4是这样的，阴影部分就是3/4块饼干。还是这个饼干，我再画一个，它的6/8是这样的，和3/4是相等的。

生：圆形图、线段图也能说明。

我把孩子们说的图和除法式子也"接龙"了起来，并利用除式拓宽到了小数。

随后布置了今晚的探究作业：1/8接龙图。提示：必须有相等的分数、除式、小数、图示,允许没学过的知识介入(这个看学生的课外探究水平了)。

今天上课之前,我批改了前几天的一份探究作业。我知道了孩子们对"分数的基本性质"这一概念名称不熟,但会用。但没想到今天我写了"分数的基本性质"这一名称后,孩子们自动对接了。有意思。

这次探究作业的学习背景,很特殊。由于我们班在4月20日要承担一节"真分数和假分数"的公开课,而课时又不等人,我们只能跳着挑剩下的内容,学完了同分母分数加减法。由于真、假分数后续课时都没学过,只能计算结果,不计较约分与否,就学了算理和算法。下课时,我布置了"'3/4+1/8''3/4-1/8'怎么算"的探究作业。

探究作业一出,就知道娃跑到哪里去了。

一大半娃,自管自"奔跑",没"搭理"上课时我"唠叨"的画图解释法。

但是有时候,没学过的、娃自己够得着的知识,让娃去试试,非常有趣。当接下去学习最小公倍数、通分等等的时候,可以让这些作品也跑出来说说话。

$\frac{3}{4}+\frac{1}{8}$ and $\frac{3}{4}-\frac{1}{8}$ 怎么算

李家乐

首先算： $\frac{3}{4}+\frac{1}{8}=(\frac{7}{8})$

我们可以用画图的方式

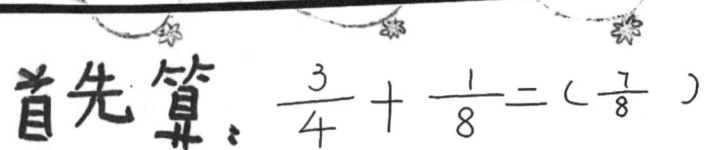

我们先用红笔把第一个圆等分转换成8份，这样变成了$\frac{6}{8}$，之后就把两边变成了同分母分数，最后$\frac{6}{8}+\frac{1}{8}=\frac{7}{8}$。

之后： $\frac{3}{4}-\frac{1}{8}=(\frac{5}{8})$

这首还是可以用画图的方式

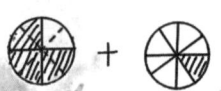

我们可以用红笔把第一个圆转换成8份，这样就变成了$\frac{6}{8}$，之后就变成了同分母分数，最后$\frac{6}{8}-\frac{1}{8}=\frac{5}{8}$。

Stop 还有一种

$\frac{3}{4}-\frac{1}{8}=(\frac{10}{16})$

我们给$\frac{3}{4}\times 4$，变成$\frac{12}{16}$，再给$\frac{1}{8}\times 2$，变成$\frac{2}{16}$，为什么可以这样呢？这是因为一条性质，就是商不变的性质，最后$\frac{12}{16}-\frac{2}{16}=\frac{10}{16}$。

家乐的作品，代表了一部分依靠直观图来说明怎么算的娃的想法。

$$\frac{3}{4}+\frac{1}{8}=? \quad \frac{3}{4}-\frac{1}{8}=?$$

看到标题后，大多数人的反应应该是，这怎么做呀！
就让我来告诉大家！♥

$\frac{3}{4}+\frac{1}{8}$，先做这一道．

第一步：把分母变成一样的 $\frac{3\times2}{4\times2}=\frac{6}{8}$ 商不变性质 派上用场了 四年级学的

第二步：做一道加法题 $\frac{6}{8}+\frac{1}{8}=\frac{7}{8}$ → 分子相加 → 分母不变

一道题目完成，让我们进入下一题．

※ ※ ※ ※ ※ ※ ※

$\frac{3}{4}-\frac{1}{8}=?$ 这题怎么做呢？难倒你不？

第一步：也是把分母变得相同 $\frac{3\times2}{4\times2}=\frac{6}{8}$ 商不变的性质

第二步：做一道很简单的减法题 $\frac{6}{8}-\frac{1}{8}=\frac{5}{8}$ → 分子相减 → 分数不变

同周乘一个相同的数商不变．

这题看似复杂，做起来简单
两题终于被消灭。

501 邹瀚霄

没学过的分数的基本性质、商不变的性质"出场"了，化成除法式子来"变化"。

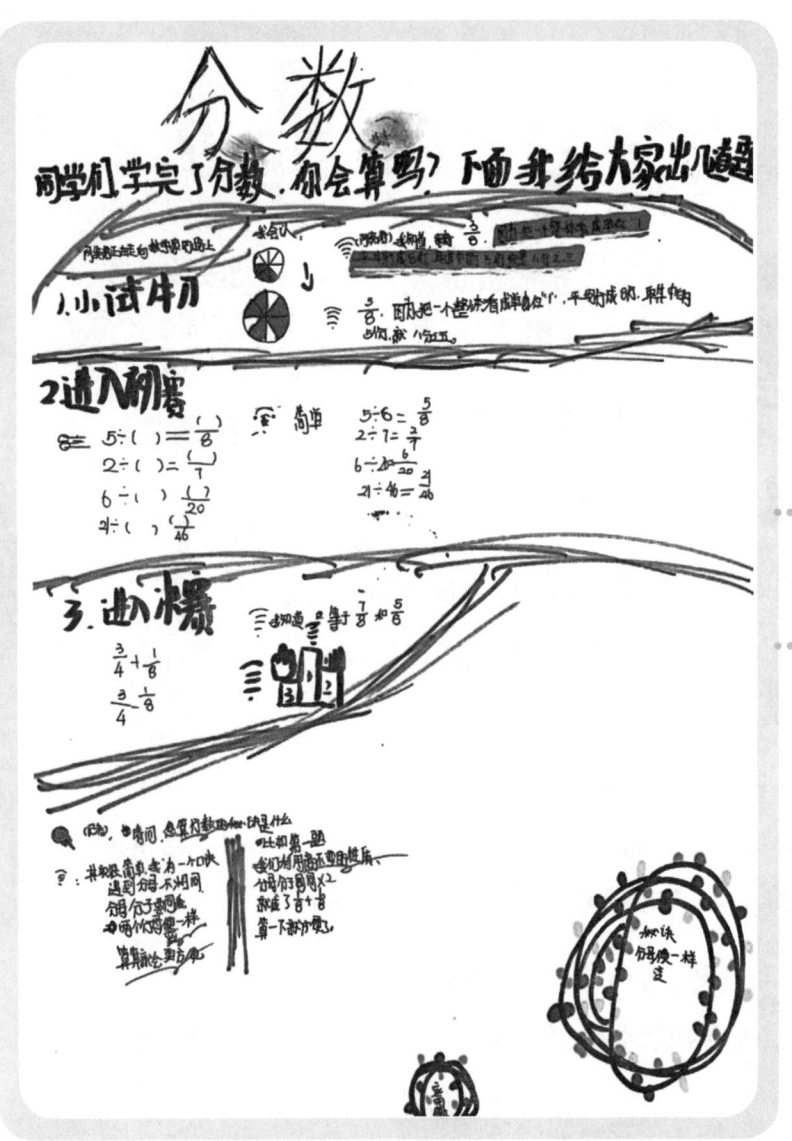

没学过的最小公倍数跑出来了。

没学过的通分跑出来了。

倾听与反思
特级教师修炼日志

5月16日 | 好问的年华

海南的成长课堂,亲历两天,成长的不仅是教学层面,更多的是感动和反思。很难一一道来,现场速记的4篇,都发在了QQ空间。文字最不负人,将时光定格。只是一己之言,个体之见,不当之处定然很多,但于我都有着回味的甘甜。

教学,有时真是说说容易做做艰难,旁观时清清,上台时戚戚。但是也有老师完全是"别人家的老师",上个课信手拈来,台上台下满场欢喜。

羡慕、激动、仰望吧。

中午从海南直飞到温州,明天我要上课的班级的班主任陈老师来接机。从温州机场到玉环又是三个多小时的路程。很是感谢。

一路上,教龄才四年的陈老师问了我很多问题——

刘老师,你复习的表格我以前没见过也没想过,还可以这样让孩子复习填写啊?

刘老师,差生应该怎么补啊?有些孩子特别弱,我怎么办?

刘老师,我们班女同学特别不自信,我怎么帮助她们?

刘老师,学生总是不太喜欢发言,好像越来越不爱说话了,我要怎么做?

刘老师,你们作业本是怎样的?你们用什么作业本?自己设计作业吗?

刘老师,我去外面学习的机会不多,我觉得每次听课都有收获的。就是觉得自己进步有些慢,好像学生没被我带好,怎么办?

……

都是好问题,接地气的好问题。

一念思及,讲座如果以"你问我答"的方式来做,是不是会更加贴近教师?

又一念，生出来的是一种心疼，渴望成长的人都自带着一种让人慈悲的力量。

我也有过这样好问的年华。

我在农村完小的四年，就是茫然懵懂的四年。包班教学，五六个同事，自己想想，自己做做，最激动的就是外出听课学习时听到了一节好课。然后，会心生向往，但也会因差距而自卑。在大学校，至少多同伴，互相学习、互相探讨一定是通向成长的路径。当然，前提是学校要有这样的教学氛围。

明天，我会上一节复习课，做一个关于作业设计的讲座。希望好问的陈老师，你能觉得有收获。

出门在外，孩子们还是把该做的事情做漂亮了。传过来的说题视频里，梦婷的手势和图文，我看着就喜欢。梦婷的视频是汪萱拍的。汪萱每天播报当天各科布置的作业内容，现在还要每天拍摄说题视频。于班级，她付出的是精力；于自己，她收获的是坚持和对难题的每日解读。每一份付出，都会有收获。孩子明白这个道理，就会做得愈发好。

孩子们虽然小，但是已经能明白很多道理。他们都好问、好奇，我一般都会告知做一件事的意义和目的；有些孩子胆怯，那么凡是微信上提问的，下课主动来问的，我都会告诉自己，一定要记得去教室隆重表扬。

问，是多美好的事情。

好问的年纪，都是美好的年纪。

倾听与反思
特级教师修炼日志

6月2日 ｜ 冥想：为道日损

> 让灵魂从婴儿做起，像童年那样，咬着铅笔，对世界报以纯真、好奇和汹涌的爱意。
>
> —— 王开岭

四书五经，听得多，并没有真正去触及过。于是，选了个捷径，通过熊逸老师的解读来看经典。看到《老子》时，觉得道家的"为道日损"非常有意思——国君越勤政，国家就越搞不好。怎么才能搞好呢？很简单，今天少管一点事，明天少管一点事，"为道日损"嘛，最后什么都不管了，国家自然就好了。

怎么看怎么像鼓吹懈怠和懒政的。但是文景之治恰恰如此照方抓药，收效显著，甚至立竿见影。当政府无为而治，民间的流动性自然就大了，自有"看不见的手"在管理着一切。但是，流动性大到一个临界点时，就会出现新的矛盾。于是，文景之治之后，来了汉武帝的高度干预。

从"无为而治"到"高度干预"，到了教育这里，似乎是相个反为最佳。

一开始，"下马威""定章法"，似乎是经验所得。昨天，在朋友圈看到一篇关于一年级教师体罚孩子的热文。教师应该是个极为"负责"的老师。她严格，她要求入学稚子做到排队不讲话，上课不插嘴不走神，她知道棍棒底下出"静子"，她的想法没有错。她想通过"高度干预"快速让孩子"静"下来，所谓"定能生慧，静纳百川"呀，不"静"如何学习知识呢？等规矩做成了，慢慢地"为道日损"，岂非美妙？

只是，孩子身上那份"鲜活"的丢失，又何忍？

所以，特别钦佩那些温柔地喊着"宝贝"的低段老师，她们不讲秩序吗？

当然讲。但是，爱走在了秩序和规则的前面。

所以，有爱的秩序和规则，有爱的干预，就显得格外感人。

长期在高段教学，其实已经坐享了低年级教师的规则教育成果。规则教学不易，但是体罚的高压线，还是希望亲爱的伙伴们不要去触碰。

实在心力交瘁时，不妨看看自己的孩子，看看王开岭的《向儿童学习》。

到了高年级，"为道日损"似乎卓有成效。我们采访过几位"好威风"的班主任。其中，有几位经验丰富的老班主任真的做到了"消失"。排队出校门，她的班级，她可以不在场，但是学生依然整整齐齐。我询问秘诀——她说："绝对不体罚，但是和孩子们言明在先，说到一定要做到。我在班级里做任何事，我也是说到做到，要么我不答应他们，答应了我都会做到。刚开始，我盯很紧，孩子如果说到没做到，一定要当成大事来仔细分析原因，是不是有什么特殊情况，要问他100个为什么，甚至会马上家访，让孩子深切感受到'说到不做到'，便是做人做事的不当。"

我自己倒又相了个反。

前些年，一个班级带了一两年后，我就会把很多事情放手给孩子们去做。偶尔外出，孩子们自己上课、自己布置作业、自己批改订正。真是你有多大胆，娃就有多大能耐。

但这两学期，很多事情又都被我收了回来。

想来想去，这不是倒退了吗？"为道日增"不成？

可能是两个原因，一是带班一个学期后，我突然新接了一个毕业班，于是孩子们相当于被"寄养"给了别人，瞅着相当揪心，心下便有几分不舍；二来自己外出研学培训，每学期都不可避免，心下便又多了几分不舍……这不舍一累积，估计就有了"慈母多败儿"的苗子了。哈哈。

好在，还有探究作业给你们一方自由驰骋的数学天地。

好吧，数数手指头，咬咬铅笔头，还有一把时光在。得想想怎么让你们再自主一些了——我"损"方有你们的"增"。只是，"损"前的功课也是多多呢。

6月6日 | 大家这么关注"期末复习"

昨天,发了一文,提到了我要准备期末复习。结果,留言齐刷刷的都是"怎么复习?""期待你的复习方法"……我也没什么特别的方法,仅做一下经验分享。

昨天上午,上完了本学期新课。下午的辰光,一起做了总复习启动仪式——一份综合卷检测。

各个单元的学习都结束了,我就先用检测卷找一下自己的复习起点。

检测卷批改后,照例会给自己带来"内伤",边"疗伤"边开始记录学生暴露的一些集中性的问题:

1. 单位换算意识弱化,尤其表现在长方体、正方体解决问题时;
2. 找次品过程性书写出现遗忘;
3. 动态变化类(高减少、放入水中)问题是难点;
4. 分数加减法解决问题学生仍有"陌生感";
5. 辨别能否化成有限小数容易掉"陷阱";
6. 折线统计图的趋势描述有待加强;

……

等全部罗列出来后,把孩子们出现的问题放入每个单元相应的框中——

五下各单元知识困难点摘记

观察物体（三）	掌握较好【课堂上选最难的题目做一两题即可】
因数与倍数	1. 倍数关系、互质数关系的两个数的最大公因数、最小公倍数的字母表达有困难【举例法＋练习＋自想妙招提炼】 2. 质数、合数、偶数、奇数概念，2、3、5 的倍数特征掌握较好【作业再做一次梳理回顾】
长方体和正方体	1. 动态变化类（高减少、放入水中）问题【专项画图复习课】 2. 单位"陷阱"【一定练习量支撑＋自我反思摘录】 3. 无盖等表面积生活问题仍有困难【专项复习课】 4. 棱长总和、表面积、体积、侧面积，概念再清清【探究作业】
★探索图形	结合上一单元进行
分数的意义和性质	1. 关于一根绳子、两根绳子剪去一部分比长短的问题【题目对比训练】 2. "3千克糖果均放于8个瓶子，每个瓶子装（　）千克糖果，5个瓶子每个装（　）千克糖果。"这类题表达略有变化，出错率就提升【出示主信息，鼓励学生自己提问，形成大题组】
图形的运动（三）	旋转画图要点还需强化，尤其是连着中心点的其中一条边不在格子线上的图形旋转【课堂作品对比，归纳要点】
分数的加法和减法	1. 分数加减混合的简算出错率极高【"每日一算"适当强化】 2. 分数加减混合应用问题【需要一定练习量】
★打电话	每个电话需要几分钟问题出错多【变式感知】
折线统计图	读图分析、预测出错较多【利用"作业盒子"中的折线统计图习题进行强化】
找次品	出现遗忘【简单复习】

有了这份"诊断记录"，接下来一段时间就不进行综合性检测了，要开始"分单元回顾＋针对性专项复习"，拟定我的第一阶段复习计划，共11课时，也就是2个星期的时间。

倾听与反思
特级教师修炼日志

第一阶段复习课	布置相应作业
（1）因数、倍数导图式复习	（1）课前前置复习单，回顾+梳理
（2）因数、倍数练习拓展（针对集中性问题）	（2）专项习题解答
（3）知识总梳理	（3）导图式回顾
（4）表面积复习	（4）（5）精选精练
（5）（6）动态体积复习（画图分析感悟+练习）	（6）专项画图探究作业1份
（7）分数意义复习	（7）（8）精选精练，加强题组
（8）分数加减法运算复习	（9）习题选练
（9）观察图形画图+旋转等运动方式画图	（10）作业前置，课堂说题
（10）折线统计图画图、读图练习题分析	（11）习题选练
（11）打电话、找次品，重点回顾过程，复习规律	

在这2个星期复习之中，不要贪多求快想拔高，以基础夯实为主，以自定的目标达成为乐。

这一轮复习之后，可以再进行一次综合性检测，再梳理学生那时存在的问题，总之"对症下药"是不会错的。那时，无须再——回顾，分两三节课做好检测卷的细致分析，通过一题看一类，帮助学生提升。

关于学生的单元知识复习单，有些老师留言询问，可在我的公众号查看。

这两天孩子们去滕头实践了，一个个乐得屁颠屁颠的。我打印好了计划等你们回来。

6月11日 | 作业与复习课

周末，布置了一组计算练习和一份探究性作业：梳理长方体、正方体相关知识。数学是早上第二节。于是，第一节课加上大课间时间，就简单地批改出了作业。

整体来看，孩子们都能细细梳理这一单元的知识。经历过了这样的自己看书复习的过程，我觉得课堂上对知识的梳理只需要很少的时间就可以了。

我从中选择了13份作品作为课堂复习的手杖，在此展示几份。

首先是贝的漂亮的作品。

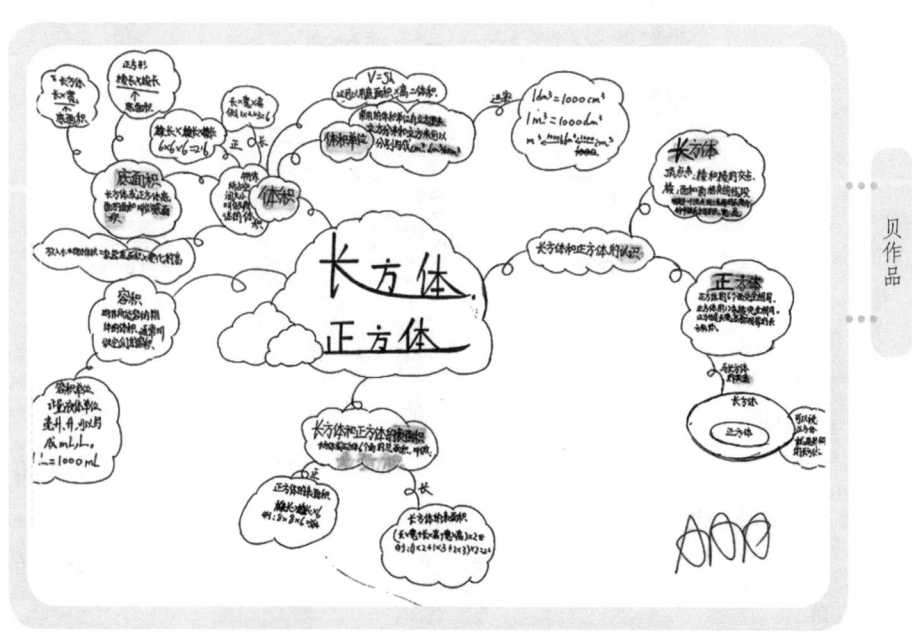

贝作品

追问：

1. 请解读其中的知识脉络。——完成本单元知识梳理。

2. 想想你还有什么补充？——"横截面×长"也可以放入"体积"块面；"$V=Sh$"从"底面积"中延伸出来更合适。

3. 版面的布置设计有什么值得学习的地方？——字体大小表示出要点与附属的概念解释，简单底色让知识点清晰可见。

丁一的作品，进步很大。

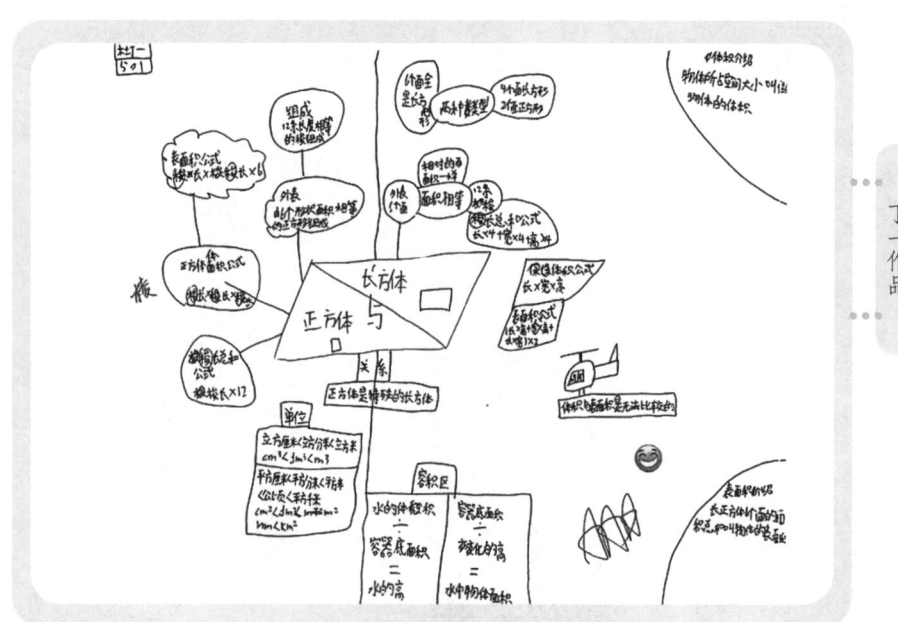

丁一作品

追问：

1. 你能发现与贝的梳理不同的地方吗？——"小飞机"带来了新的提示，"容积区"中有公式。

2. 错误点有吗？——棱，全部写成了错别字；"容积区"的一个公式有问题。

一诺的作品。

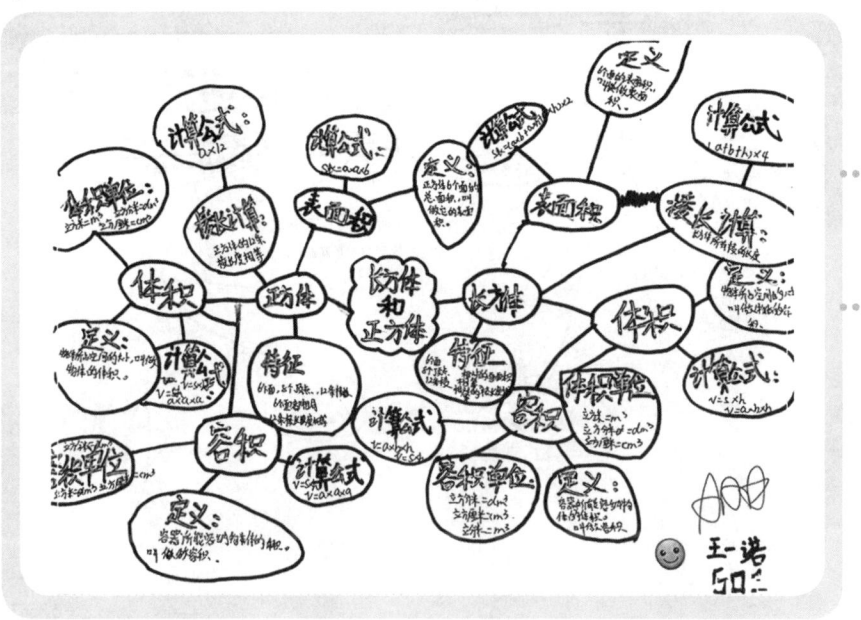

追问：仔细观察知识脉络，非常清楚，你的感觉是？——比较"满"。

建议：整份梳理很棒，但是重点、次重点等，最好有字体或者颜色上的变化，这样就能更好地表达自己的想法，让别人看得更舒服，更清楚。这是很重要的能力。

哈哈，美育就渗透在这些边边角角的交流之中。我这么爱美，孩子们总也熏陶一点去哈。

若天的作品，一贯清爽风。

追问：看着这幅作品你有什么感觉？——我们班有好几个同学的作品和若天的作品风格接近，非常干净、清晰，字干净小巧，就是会觉得比较"空"。

建议：增加相关的立体图示，增加相关的经典例题。

倾听与反思

特级教师修炼日志

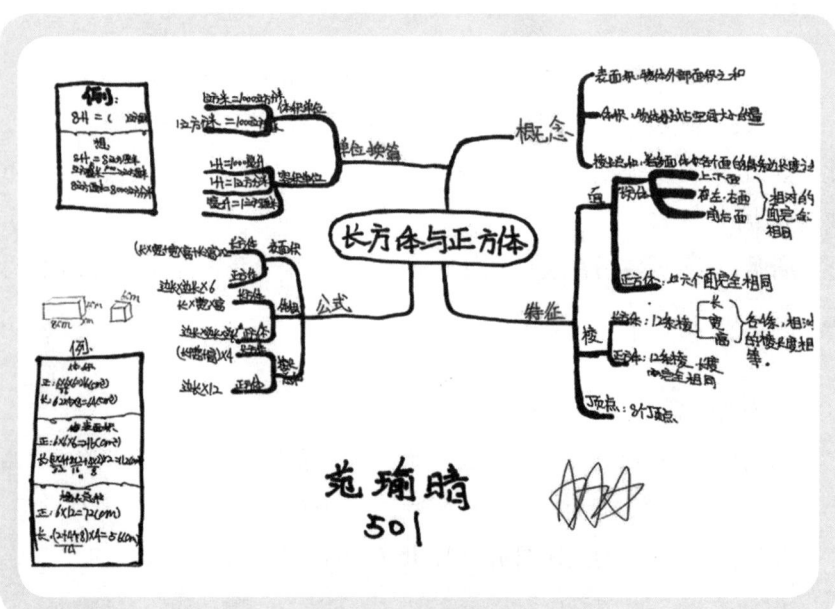

晴的作品。

追问：有什么新的感受？—— 出现了图和例题。

这是好的方向，但至于怎样的图、怎样的例题最合适，值得思考了。

刘航的作品，每次都有脑电图爆炸感。

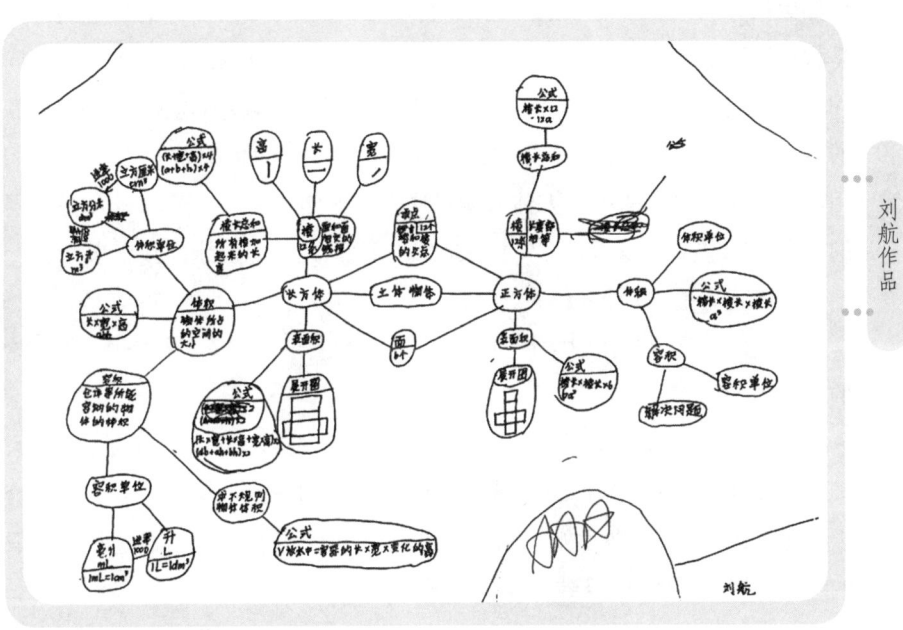

追问：静看后你有什么收获？—— 特别关注长、宽、高，展开图放得很好。

一组作品观察下来，说感受。

这是图形与几何领域的知识，利用图示来描述相关的知识，比较清晰到位。

有些作品挺让我感动。比如小雨和小也的作品，我觉得是他们最好的作品，我能看见他们的参与，他们的思考，他们的进步。

课堂上只交流了 13 份作品，一些类似风格的作品没有在课堂上交流。

分析完作品后，进入"现场"复习。

问：通过刚才的回顾，长方体最核心的要素是什么？已知长、宽、高，你能求什么？

在孩子的回答中一定要结合直观模型，让孩子在头脑中再度构建表象。到了总复习，可以脱开公式，从图形特征的角度去理解每一部分怎么求——比如棱长总和，就是12条边加起来，喜欢怎么加是你的事，你的"武器装备"是哪个级别你就选哪个方法；比如表面积，背出来是长长的一个公式，请问"长 × 高"是哪里，你能不能马上想象出来？生活中哪些问题要求哪个面，靠的就是想象和分析；比如体积，"长 × 宽"表示什么？回到"原始度量"，我们用学具1立方厘米的小立方体来测量这个长方体，"长 × 宽"求的就是一层的个数，如果先"长 × 高"呢？求的是哪一部分，是不是也能都数出来？

交流到这里，35分钟结束，下课。

晚上作业是课堂作业本针对性练习1页和摘录5道关于长方体、正方体的难题。

中午，看到"作业盒子"上今晚6点会有一份期末大冲刺。于是，告知家长：可以做我布置的作业，也可以做"作业盒子"上的综合冲刺。当然，我给出了建议，觉得自己各块知识掌握得比较好，想要检测一下自己这学期知识的综合掌握水平的，可以试试综合冲刺。

8月12日 | 感谢过往

有点,难以相信。但随着第十二批浙江省特级教师公示结束,我真的成了一名特级教师。

我喜欢教书。"喜欢的事情多做做"是我时常对自己说的话。除了感谢自己的"喜欢"之外,我更需要感谢我成长中的几位贵人。

每当我感谢斯苗儿老师的时候,她总说"我是摘花的人,你莫要忘记成长初期那个鼓励你的人"。

想感谢的人,很多,无法穷尽。

教研员宋煜阳老师说的一句话,我一直记得,"即便是特级教师,也是各有风格,你我上课可能永远也无法像某些特级教师那样生动有趣,但是我们的思考也可以成为我们自己的风格。"这话鼓励了那时拘谨不自信的我,他亦师亦友,带我前行;高端班导师林良富,看我虽然努力却少了点目标意识,几次找我谈话,让我一定要抓住个人发展的"节点",帮我制定小目标;特级带徒导师王国元老师,永远都是"刘善娜,你行的!没事儿,放大胆子去做就可以了。我看好你,你一定可以的!";王剑勇校长私下为我找师傅,为我搭平台,还反过来跟我"说好话"让我当教研组长,只为了我能够成长得更好;很多时候,我还没有想过自己要不要去做这件事,郭昶校长就已经为我打算好下一步该怎么走,幸福得不要不要的……

奉化区外,早已退休的宁波教研员邱惠芬老师,未曾谋面时就多次发信息鼓励年轻的我继续努力往前走;宁波教研员陈霞芬老师自己开车来校手把手指导我上展示课;远在绍兴的周炳炎校长,带我去送教,经常发信息鼓励我;朱乐平老师听我上完课,夸张地鼓励我"你怎么上课能上那么好啊",

倾听与反思
特级教师修炼日志

我就呆呆地、惊喜地愣在了原地；陈洪杰老师心有慈悲，乐于"服务"草根教师，让不知名的我屡屡在全国性活动中展示个人的思考……在特级参评的准备过程中，我又得到了钱金铎老师、陈庆宪老师、俞正强老师、顾志能老师等等前辈无私的帮助和指点。

这么多的贵人，因努力而遇见，因遇见而幸福。他们指点我，鼓励我，给我平台，为我助力，让我顺风而行。他们为我付出心力却不求回报，他们是在告诉我，保持努力，保持善良，永远慈悲以待。

这些教诲，不敢忘。

后　记

很多决定的初心,往往只在一念之间。

比如我的平刘海。

我剪这个刘海是在 2004 年。当时,乡间很少见这种笨重厚实的平刘海。我只是因为额头不断长痘痘,方剪了这个刘海。所有的同事都觉得不好看,"呆呆的,傻傻的"是大家一致的评判。

谁知三年后,平刘海大为风行。大街小巷到处可见剪了平刘海的女士,同事也出现了一波剪平刘海的。这时,我的刘海才受到了充分肯定,大家都认为这刘海为我的个人形象增色不少。

到了前年,平刘海的流行风过了,校园里几乎又只剩下我还是老样子。

平刘海也因这份持久和坚定自然地变成了我的个人标志——学校门口有人找我,只要往额头做一个一刀切的动作,保安就知道那个人是来找我的。平刘海在我的个人形象系统中的地位也就愈发高了。"自打剪了这个平刘海,她就变漂亮了。"不少人这么说。

至此,我的平刘海守得云开见月明,高居个人形象功臣之首位。

比如出书。

有一天翻看着自己记录的儿子的童言稚语,觉得记录真是让我多拥有了一份美好,每次翻看,都会回忆起那时的欢笑。突然一念,我是不是也可以把

倾听与反思
特级教师修炼日志

我的教学生活记录下来？于是，2009年新接班，开始写日志。一写多年，文字跳跃成集，迎来了《爱上我的课堂——一位小学数学教师的教学反思日志》，又迎来了《倾听与反思——特级教师修炼日志》。自此，两本反思成"姐妹"，折射十年美好光阴。有太多值得尊敬的人，值得感恩的事。

唯有坚持努力，坚持善良。

坚持，是成长的关键。

坚持，可能会让你的"一时之短"成为"后续之长"。每个人都有自己的长处，不能因为看到别人的好，就觉得自己一无是处。再伟大的人也有自己的短处，再渺小的人也有自己的优点。所以，看清一件事，认可它的价值，不忘初心，持续前行，这件事可能就成了你的特色。

坚持，可能会让你的"不被认同"成为"广为流行"。自己的想法不受人肯定，自己的看法无人认同，自己的做法不被欣赏，其实是很正常的事。只要你自己喜欢，只要你认真去做，只要方向是对的，终将遇见被喜欢的时刻。

愿亲爱的你们，爱着我的你们，都有美好的一念，并一日日坚持，收获自己更美好的未来。

刘善娜

2019 年 8 月

★ 新书速递 　　　　　　宁波出版社·学而书坊

◀ **合作学习**
实用技能、基本原则及常见问题
[新加坡]乔治·M.雅各布斯
[美]威利·A.利奈达雅
[美]迈克尔·帕瓦 著
定价：40.00元
帮助教师创建协同努力的高效能课堂

新班级教学译丛
盛群力 主编
精选教学设计领域国外畅销经典
涵盖课堂教学、课程开发、教师发展等多个维度
案例生动丰富，易学易操作

◀ **简明生本学习策略**
[新加坡]乔治·M.雅各布斯
[美]威利·A.利奈达雅
[美]迈克尔·帕瓦 著
定价：35.00元
为教师提供创建"以学为中心"
的卓越课堂的一整套核心技术

成功智力教学（第2版） ▶
提高学生学习效能与成绩
[美]罗伯特·J.斯腾伯格
[美]埃琳娜·L.格里戈连科 著
定价：45.00元
培养学生成功必需的三元智力：
分析性智力、创造性智力和实践性智力

◀ **理解为先单元教学设计实例**
教师专业发展工具书
[美]杰伊·麦克泰
[美]格兰特·威金斯 著
盛群力 张恩铭 王陈烁
鲍锦霞 褚欣维 盛呈燕 译
定价：58.00元
理解为先教学(UbD)帮助教师在每堂课
中落实学科核心素养

如何编制和使用量规 ▶
面向形成性评估与评分
[美]苏珊·布鲁克哈特 著
杭 秀 陈晓曦 译
定价：55.00元
等级赋分与质性描述相结合的
量规为教师提供了评估学生核
心素养和高阶能力的有力工具

书　名	作　者
*技术促进课堂有效教学（第2版）	[美]霍华德·皮特勒 [美]伊丽莎白·R.哈贝尔 [美]马特·库恩 著
*优质提问助讨论：能言、善听和乐思	[美]杰基·A.沃尔什 [美]贝丝·D.塞斯 著
*优质提问促思考：学生深度参与学习	[美]杰基·A.沃尔什 [美]贝丝·D.塞斯 著
*精准教学：教师成长与领导的框架	[美]道格拉斯·费希尔 [美]南希·弗雷 [美]斯蒂芬妮·A.海特 著
*项目学习：三种方式培养有自信有能力学习者	[美]迈克尔·麦克道尔 著
*生本合作学习	[美]乔治·M.雅各布斯 [美]威利·A.利奈达雅 著

（带*为即将出版的图书）

★ 教师阅读与成长

基于问题的视角
吴伟强 著
定价：58.00 元

基于问题，让课题研究不再难

倾听与反思
刘善娜 著
定价：45.00 元

"丸子姐姐"刘善娜
浙江省最年轻特级教师的修炼日志

阅读照亮教育人生
吴奇 著
定价：35.00 元

务实、接地气、具操作性的一线教师书评
精准解读教育思想，深刻剖析教育问题，
全面分享教育技巧

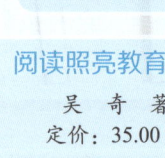

教育力，说出来
厉佳旭 著
定价：56.00 元

说话，是师者一生的修炼。对师者
而言，语言的表达力，就是教育力。

书 名	作 者	定 价
教师阅读力（第二版）	刘 波 著	35.00 元
爱上我的课堂：一位小学数学教师的教学反思日志	刘善娜 著	35.00 元
教师成长力修炼	刘 波 著	29.00 元
阅读，打开教育的另一扇门	凌宗伟 著	29.00 元
从新手到研究型教师：我的专业成长手记（第二版）	刘 波 著	32.00 元
守护教育的良心	厉佳旭 著	36.00 元
小学支援型习作教学	郭 昶 张晨瑛 编著	38.00 元
第九个班主任	高华芳 著	45.00 元

★ 焦点解决治疗丛书

◀ **尊重与希望：焦点解决短期治疗**

许维素 著
定价：68.00 元

焦点解决短期治疗亚洲地区代表人物之一
许维素教授最新力作
焦点解决短期治疗入门必备手册

高效教师：焦点解决取向在学校教育中的应用 ▶

[美] 琳达·梅特卡夫（Linda Metcalf）著
定价：45.00 元

高效能教师的工作手册
每一位青少年成长教练都值得一读

书 名	作 者	定 价
焦点解决治疗：理论、研究与实践（第二版）	[英]麦克唐纳 著	59.00 元
建构解决之道：焦点解决短期治疗	许维素 著	58.00 元
高效教练：焦点解决教练精要	[瑞士]彼得·邵博等 著	28.00 元
*焦点解决短期治疗：循证实践手册	[美]辛西娅·富兰克林等 著	即将出版
*焦点解决短期治疗训练工作手册	[英]麦克唐纳 著	即将出版
*有效的焦点解决短期治疗（第3版）	[美]杰拉尔德·B.斯凯莱 著	即将出版
*1001个焦点解决问句：焦点解决会谈手册（第4版）	[荷兰]弗雷德里克·贝尼克 著	即将出版
*儿童与家庭治疗：焦点解决取向	[美]帕梅拉·K.金 著	即将出版
*家庭焦点解决短期治疗	[美]纳尔森 著	即将出版

★ 更多好书

◀ **浙江省中小学校园心理危机干预指导手册**
浙江省中小学心理健康教育指导中心 编
定价：32.00 元
全面地反映了浙江省中小学心理危机干预理论研究和实际操作的水平，为指导中小学应对校园心理危机提供重要的参考

◀ **中小学心理危机筛查与干预工作手册**
浙江省中小学心理健康教育指导中心 编
定价：18.00 元
提供给各学校的开展心理危机筛查与干预工作的入门手册

书 名	作 者	定 价
◇ 教师心理健康教育教材 ◇		
心理辅导活动课操作实务	钟志农 著	36.00 元
小组辅导操作实务	骆 宏 著	32.00 元
心理咨询技术与应用	刘宣文 著	36.00 元
◇ 课堂教学 ◇		
小学适性阅读策略的学与教	周步新 主编	36.00 元
用童诗丈量梦想：儿童诗的欣赏与教学	方蓉飞 史 京 主编	39.00 元
诗润童年：儿童诗的教学主张	方蓉飞 著	28.00 元
初中数学变式精讲	王 伟 著	49.00 元
◇ 幼儿园特色课程 ◇		
重构孩子的世界：幼儿园经典主题活动创新设计（大中小班三册）	牟秀玲 主编	45.00 元
有准备的教学：幼儿最优学习的活动设计	张赛园 主编	46.00 元
幼儿趣味足球游戏 100 例	沈灵君 主编	18.80 元
小足球 大世界：幼儿足球主题活动创新设计	顾旭峰 主编	36.00 元
玩艺术：与孩子一起创设美育空间	庄旭东 徐 侠 主编	39.80 元

宁波出版社微信公众号　　宁波出版社天猫旗舰店